お母さん、年末、実家に帰らなければダメですか？

もっとラクに！もっと自由に！
ワクワク輝いて生きるために大事なこと

性格リフォーム心理カウンセラー
心屋仁之助

廣済堂出版

親孝行ってしないといけないの⁉

お母さんと、なんとなく気が合わない。
というより、はっきり言って好きじゃない。
今は離れて暮らしているから、たまに話すだけでいい。
でも、そのときにすら、必ず衝突する……。

こんなふうに、お母さんとうまくいっていないと、はっきり感じる人もいれば、

お母さんは、私のよき理解者で仲の良い相談相手。
友だちには何かと気を遣うけれど、お母さんと過ごす時間はラクチン！
でも、ときどきお母さんの顔色をうかがったり、言いなりになっている気がして、
ふと息苦しい気持ちになるときも。
お母さんに頼りすぎているのかな？

もう少し、距離を置いたほうがいいのかな？

こんなふうに、お母さんとの関係がうまくいっていると思いながら、正体不明の違和感がつきまとっている人もいます。

この本では、自分の母親について疑問、不安、怒り、違和感、嫌悪感を感じている人に向けて、「そろそろ、お母さんとの関係、切ってもよくない？」と提案します。

気が合わないのに、なんで関わろうとするの？
違和感があるのに、なんでいつまでも仲良くするの？

僕がそう尋ねると、ほとんどの人は、「親だからに決まっているでしょ」と、強い口調で言います。そして、まるで僕が人でなしであるかのように責めてくる人もたくさんいます。

でも、こうして反応するところに、問題の根っこと解決策は潜んでいるものです。

また、この「お母さん問題」は、お母さんとは一見無関係に見える問題にも、深く関わっています。

たとえば、ダメな彼とつき合ってしまう。

友だちや上司、部下などとの人間関係がうまくいかない。

いつもお金に困っている。

なぜか、悩みや問題を絶えず持っている。

日常に楽しいことがなく、人生がぱっとしない……。

これらの原因は、元をたどっていけば、実は「お母さんとの違和感」、つまり「お母さん問題」に行き着くことがとても多いのです。

僕は今、1対1のカウンセリングをしていませんが、やめた理由のひとつには、問題をたどっていくと、結局原因は「お母さん問題」にあると気づいたからです。

それなら、大勢の人が集まってくれる講演会や歌を通して、たくさんの人にそのことを伝えたほうがよっぽど効率がいいと思ったのです。


お母さんは、自分を産んで育ててくれた人。だから、自分にとってはものすごく重要な存在です。

切っても切れない存在で、自分をいちばんよくわかってくれる存在……。

そう思うほど、ほとんどの人が「お母さんとうまくやっていきたい」と思います。

できれば、もっとやさしくしたい。

できれば、もっと喜ばせたい。

できれば、もっと愛したい。

でも、それがなかなかうまくいかない。

うまくいかないことは、できればスルーしたい……。

そんな思いがあるせいか、母と娘に関する本やドラマが話題になっても、「私には関係ない話」と、右から左に華麗《かれい》にスルーしてしまいます。

「私とお母さん」の間に横たわるモヤモヤに気づいた人は、もっとラクに、もっと自由に、もっと輝いて生きていくことができます。

あなたの人生にとって、ラクに、自由に、輝いて生きること以上に大切なことはありません。あなたがそうやって生きられたら、なぜかお母さんとの関係も良好になるというパラドックスも起こります。

そんな不思議な物語をこれから紹介しましょう。

あなたもこの物語の主人公のように、「親孝行しなければ」という呪縛から解放されて、そろそろ好きなことをやって、生きてみませんか？

心屋仁之助

目次

はじめに　親孝行ってしないといけないの？……1

第1章
お母さん、年末、実家に帰らなければダメですか？
「親不孝」を恐れなくてもいい

実家に帰りたくない私は親不孝？……13
文句ばかり言うお母さんに、いつもイライラする私……17
好きか嫌いか。それだけが自分の真実……27
あなたの感謝って、ホンモノですか？……36

もっとラクに！　もっと自由に！　ワクワク輝いて生きるために大事なこと
第1章まとめ……44

第2章 お母さんのこと、本当は嫌いかもしれない！

常識よりも自分の「好き」を大事にする

「常識」はどこからもらってきた？……46
自分の気持ちを置き去りにしないで……54
「普通のコンサート」には行かなくてもいい……60
人のことは嫌っていい。そして、嫌われてもいい……64
もっとラクに！ もっと自由に！ ワクワク輝いて生きるために大事なこと
第2章まとめ……76

第3章

もしかして私、愛されてない？

「ない」を前提にするから愛がない

映画のヒーロー、玉砕《ぎょくさい》する……　……78
お母さんを傷つけた私は、非常識!?……88
「理解してほしい」。その願いはあなただけのもの？……101
決めつけて思い込んで、壮大な勘違いがはじまる！……110
「愛されない証拠」を探すから、彼も逃げていく……118
罪悪感を持っていると、浮気をさせる女になる!?……128
前提を「ある」にかえるマジックワード。「どうせ、私は愛されてる」……131
✦もっとラクに！　もっと自由に！　ワクワク輝いて生きるために大事なこと✦
第3章まとめ……138

第4章
「お母さん、ありがとう！」って心から言える私になる！
「私だから、価値がある」。自分を認めて愛に気づく

悪人ほど救われる！……140
なぜ頑張る人は報われないの？……146
そのままのあなたに、価値はありますか？……151
お母さんに感謝しなくてもいい理由……160
もっとラクに！　もっと自由に！　ワクワク輝いて生きるために大事なこと
第4章まとめ……168

第5章

好きなことをして生きる、最強の人生！

自分の価値観を手に入れたとき、自分の人生を生きはじめる

あなたの「好き」は何ですか？……170

好きなことをする覚悟……173

好きなことをして生きる。それが最強の人生……180

お母さんを好きだった自分がいる……188

もっとラクに！　もっと自由に！　ワクワク輝いて生きるために大事なこと

第5章まとめ……200

おわりに……202

第1章

お母さん、年末、実家に帰らなければダメですか？

「親不孝」を恐れなくてもいい

結衣★32歳
栃木県出身。東京で一人暮らし歴10年
家族構成★両親と妹
仕事★IT企業勤務
趣味★映画鑑賞と料理
性格★温厚でもめごとは避けたいタイプ
好きなファッション★ゆるふわ系
彼とつき合って3年
今のところ結婚の予定はなし

実家に帰りたくない私は親不孝？

みなさんは、お正月は実家に帰りますか？

お正月だけじゃなくて、ゴールデンウィークや夏休み、シルバウィークとか、とにかく長い休みがとれるとき、実家に帰りますか？

「実家に帰りたくないな」と思うことはありませんか？

私、結衣は、気が進まないけれど、帰っています。

東京の自宅から栃木の実家までは、車で2時間もあれば行ける距離。帰ろうと思えばいつでも帰れるけれど、年末の4日間しか帰りません。

1年にたったの4日。お正月のときだけ。

帰りたくない理由？

母に会うのが、面倒くさいから。

口をひらけば、ケンカになる。

久しぶりの帰省だしお正月なんだから、楽しく過ごそう、笑顔でいようって思うんだけれど……。

自分にいくらそう言い聞かせても、ダメ。

たいていケンカして、イヤな思いを引きずったまま東京に戻る。

毎年、この繰り返しです。

「やっぱり、またお母さんとケンカしちゃった。なんだか不愉快なお正月」

毎年訪れるその事実は、私を暗い気持ちにさせ、新しい1年がスタートしたばかりなのに、しばらくは悶々《もんもん》としてしまいます。

と言っても、そんなのは1年のうちで4日間だけ。

ふだんから、今さら母親との問題について、悩んだり考えているわけではありません。

だから、そんなには気にしていなかったんです、あの人に会うまでは……。

12月のとても晴れたある朝。

ここ数か月間、休みなく忙しい日が続いていたので、今日は久しぶりに有給休暇を取ってゆっくりしようと思いました。その日はベッドから出たくないほどの寒さだったけれど、寒いからこそ飲みたくなる温かいソイラテ。ええい！　と気合いを入れて近所のスタバに行きました。

店内はなかなかの混み具合で、空いている席はひとつだけ。いつものソイラテを手早く受け取ると、その席を逃すまいと走り寄ってGET！

ふぅ～。

ひと息ついたとき、隣の席でスマホをいじっている男の人と一瞬、目が合いました。上はTシャツにニットのジャケットを羽織り、下はジーパンとスニーカー。ちょっとカッコよさげなメガネをかけています。

テーブルの上には、ラテ。椅子に置いているドキュメントバッグは……ボッテガ・ヴェネタ！

もしや、ラフなふりしたお金持ち!?

たしかに、ちょい悪オヤジを爽やかにした感じがしなくもないけど？

……まぁ、いいや。

私もスマホを取り出そうと、バッグの中をがさごそとかき分けていると、スマホがすべり落ちて、その男性の手もとにダイブ！　しかもその人も運悪くラテを持っていたので、ラテとスマホはもろとも床へ落下……。

「きゃ～！　ごめんなさい、ごめんさぃ！」

私は床にこぼれたラテを拭きながら、お詫びを繰り返し、いいよいいよとその男性に遠慮されながらも、かわりのラテを買いに行き、やっと席についてから画面がガギガギにヒビ割れた自分のスマホの惨状を見て、ぐったりしたのでした。

せっかくの休日が、散々なスタートです。

でも……。

こういうのを、ご縁って言うのかもしれません。

この〝爽やか系ちょい悪オヤジ〟との出会いが、私の人生を大きくかえることになったのですから。

文句ばかり言うお母さんに、いつもイライラする私

爽やか系ちょい悪オヤジ　スマホ、ヒビ割れちゃいましたね～。

結衣　……ですね。お正月までに新しいのを買わなくちゃ。

爽やか系ちょい悪オヤジ　新しい年になるし、心機一転だね。

結衣　っていうより、こういうことに親がブーブーうるさいんです。

爽やか系ちょい悪オヤジ　こういうことって？

結衣　穴が開いたジーンズ、すり減った靴、毛玉だらけのセーター、そしてヒビ割れたスマホ。「だらしない」とか「品がない」とかぐちぐち言うんですよね。

爽やか系ちょい悪オヤジ　へー。両親とは、一緒に暮らしてるの？

結衣　いいえ、今は一人暮らしです。お正月に実家に帰るから、それまでにはヒビ割れスマホは買いかえないと……。面倒くさいですよね～。

爽やか系ちょい悪オヤジ　そんなに面倒なら、そのままでもいいじゃない。もっと破壊的なスマホを使っている人はたくさんいるし……。

結衣　面倒なのは、スマホじゃなくて、実家です。

爽やか系ちょい悪オヤジ　ふぅ～ん、そうなんだ～。

結衣　あ、いきなりこんな話、すみません！　私は中川結衣といいます。

爽やか系ちょい悪オヤジ　結衣ちゃんですね。僕は、ぢんさんでいいです。

結衣　じいさん!?

爽やか系ちょい悪オヤジ　ちゃうわ！　……でもいいや。面白いからそれで。

結衣　あ、じいさんってそんな歳でもないのに失礼ですよね！　スミマセン……。

じいさん　いいのいいの、じいさんで。で、結衣ちゃんは、毎年お正月は実家に帰っているの？

結衣　もちろん！　じい……さんも実家に帰りますよね？

じいさん
★ 年齢不詳
家族構成 ★ 妻と2人暮らし
仕事 ★ 謎
性格 ★ おとぼけ
ファッション ★ 基本はTシャツにジーパン
靴はこだわりのジミーチュウ
好きな言葉 ★ なんとかなるさ

じいさん　いや、たぶん今年はじいさんは帰らないかなぁ〜。

結衣　え？　独身ですか？

じいさん　結婚してるよ。

結衣　だったら、帰らなきゃダメですよね。お正月って、それぞれの実家に帰って挨拶するのが普通ですから。

じいさん　そうなの？　僕は帰るときもあるけど、帰らないときもある。旅行に行くこともあるしね〜。

結衣　なんか自由ですね。私は実家が栃木なので、**そんなに遠くもないから本当はもっと帰るべきって思っているんですけど、これがなかなか……**。

じいさん　もっと？　でもお正月は帰っているんでしょ？

結衣　そうなんですけど、**2年前までは夏休みもちゃんと帰ってたんですよ。**

じいさん　夏休みか〜、懐かしいなぁ。そんなものもあったね〜。

結衣　年に何回も帰っていると、けっこうお金もかかるので、最近は夏休みに帰るのはやめたんです。

じいさん　栃木までなら、そんなに交通費はかからないでしょ～。
結衣　……新幹線で帰る人に比べたら安いですけど……。でも帰ったら地元の友だちにも会うし、そうするとランチしたり飲みに行ったりと、意外とお金って使うんです。
じいさん　なるほど～、そうなんだ。
結衣　そうなんです。あと、親戚も近所に住んでいるので、いつ結婚するんだって、ズケズケ聞いてくるのも、まぁちょっと面倒くさいなあと思ってて。
じいさん　ふむふむ。
結衣　あとあと、うちの会社って8月や9月はわりと忙しいので、お盆の時期に帰れないと、休みを取ってわざわざ帰るタイミングがなくなるというか……。
じいさん　お盆ね～、そういうのもあるね～。
結衣　あ！　彼氏のこともあります！
じいさん　彼氏？
結衣　はい。年末、私は実家に帰らなきゃいけないから、別々に過ごすのは仕方ないとして、夏休みまで私がいなかったら、2人で旅行にも行けないじゃないですか。彼に寂しい思いをさせちゃうので、夏休みはやめたっていうのもあるんですよ。

じいさん　結衣ちゃんさぁ～、ほんとに、実家に帰りたくないんだね～。

結衣　そうそう……って、違いますよ！

じいさん　違うの？

結衣　違いますよ！　「夏休みは帰ってない」って言っただけ。お正月は帰っています。

じいさん　お正月は、帰りたいんだ？

結衣　**「帰りたい」とか「帰りたくない」とか、いちいち考えませんよ。そのぐらい、当たり前のように帰っていますから。**

じいさん　でも、当たり前のように帰っていたお盆の帰省は、やめたんでしょ？

結衣　……そうですね……。まぁ、だからこそ、よけいにお正月だけは帰らなくちゃと思うんですよ。

じいさん　帰りたいの？

結衣　う～ん……。元気にしてるかな？　って気になるから、その意味では帰りたいですよ。私が帰れば父も母も喜んでくれますからね。だけど、帰るとお母さんと言い合いになっちゃうんですよ。その意味では帰るのは気が進まない。

じいさん　言い合いになるんだ。

そうなんです！　うちのお母さんは口を開けば、グチや文句ばっかり！　帰るなり、「そのネイル、派手すぎない？」「スカート短すぎない？」「口紅濃いわね～！」って、ダメ出しからはじまって、ゆっくりする間もなく、「そろそろ布団とりこんで」「お刺身を買ってきて」「食器を並べて」とか指図だらけ。紅白を見ているときも、「年越しそばの準備手伝って」って急《せ》かされるから、ゆっくり見てられないんですから！

なんか、すごいね……。

結衣　「腰が痛い、胃が痛い」って言うからあれこれアドバイスしてあげても、最後には「あなたにはこの苦労はわからない」って逆ギレですよ。いちいち反論してくるから、全然、気が休まらないんです。

じいさん　大変だねえ～。

結衣　お母さんの言動にイライラしてばっかり。だから疲れちゃうんですよね。

じいさん　なるほどね～。

結衣　私、ＩＴ系の仕事なんですけど、就職が決まったとき、嬉しくて電話で報告したんです。そしたら一言目が「なんか不安定な仕事ね。すぐ倒産しちゃうんじゃない？」だったんですよ!!　普通は「おめでとう」じゃないですか!?

じいさん　がはははは！

結衣　おかしくないですよ～。普通のお母さんは、こんなこと言いませんよ。

じいさん　いやいや、ごめんごめん。結衣ちゃん、よっぽどお母さんのことイヤなん

だな～と思って。

結衣　**イヤっていうか、もっと私の気持ちをわかってほしいんですよ。私のことをすぐ否定したり、何でもネガティブにとらえるところが、昔から苦手なんです。**

じいさん　否定されるんだ。

結衣　そう！　私がこうしたい、ああしたいって言ったときは「そうだね」「頑張ってね」って肯定してほしいのに、「結衣には無理じゃない？」とか「やめておきなさい」って否定するんです。

じいさん　うんうん。

結衣　ちょっと風邪気味だなんて言うと「一人暮らしでロクなものを食べてないからそうなるのよ」っていちいち決めつけてくるのもしんどいですね。

じいさん　いろいろ出てくるね～。

結衣　文句を言うのはお母さんの性分なんです。お父さんには「休みの日はゴルフするか

家でゴロゴロするだけ！　買い物ぐらい行ってほしいわ」ってトゲのある言い方をするし、近所に引っ越してきた新婚夫婦には「挨拶もまともにできない」ってプリプリしてますからね。テレビで街頭インタビューされてる人を見て「この人、アタマ悪そうね」とか容赦なく言ってますよ。

結衣ちゃんには、お母さんが〝そう見える〟んだね。

結衣　……!?　そう見えるっていうか、事実を言っただけですよ。まぁでもね、そう思っちゃうのは、私が実家を出て一人暮らしが長いせいもあるかも。

じいさん　一人暮らしは気ままなんだ。

結衣　そうですね。週末にダラダラしていても誰からも怒られないし、自分のペースで自由に生活できるでしょう？　だから実家に帰るとよけいに窮屈になるのかも。まあでも、こんなのは、よくある母と娘の〝あるある〟的な話ですよね。

じいさん　いやいや、〝あるある〟とか〝ないない〟じゃなくて、結衣ちゃんが、どう思っているかだよ。

好きか嫌いか。それだけが自分の真実

結衣　**私が、どう思っているか？**

じいさん　**イヤな思いをするから、本当は帰りたくないいんじゃない？**

結衣　あの……、さっきから引っかかるんですけど、帰りたいか、帰りたくないかの

二者択一っておかしくないですか？　白か黒だけじゃなくて、世の中にはグレーだってありますよ？

じいさん　そう？

結衣　はい。「帰りたくない」って気持ちにも、レベルというか、程度があるんじゃないですか？

じいさん　レベル？　たとえば～？

結衣　う～ん、そうですね……たとえば暴力をふるう母親だったら、「あんな親のところには帰りたくない」って正々堂々と言えると思うんです。でも私の母親は、文句が多いってだけで、まぁ普通の母親です。そんな私が「帰りたくない」って即答してしまうのは気が引けるというか……。

そこは比較するところじゃないよ。
暴力をふるわれた人だろうが、普通の家庭で育った人だろうが

「実家に帰るのがイヤ」という気持ちは、その人にとっての真実だから。

じいさん　実家に帰りたいか、帰りたくないか。実家に帰るのがイヤか、イヤじゃないか。すごくシンプルな話だよ。

結衣　……。実家に帰ればケンカになりますから、それを思い出すと帰りたくない、イヤです……。

じいさん　イヤだよね？

結衣　でもでも！　人はイヤな面ばかりじゃないでしょ？　うちのお母さんだって、いいところもあるんです。料理上手で、昔から手作りごはんが食卓に並ぶ家庭でした。

私に対してブーブー文句を言うのは、娘を心配しているからですよね？　私のためって思っているから、口やかましくなるんだと思うんですよ。深い愛情なんですよ。

じいさん　愛情ね～。愛情だったら、結衣ちゃんはブーブー言われてもいいの？

結衣　そりゃ、イヤですよ。文句を言われたら、誰だってイヤな思いをしませんか？

そうだよね～、イヤだよね～。だから、どうしてイヤな思いをするのに、わざわざ帰るのかな？　と思って。

結衣　どうして？　う～ん……、なんでだろう？　まぁでも、夏休みに帰ってないから、お正月も帰らないってわけにはいかないですよね？　普通に考えて。

じいさん　え？　なんで？

結衣　なんで、とは？

じいさん　**だってさ、おかしいよね？　イヤなら帰らなければいいだけ。違うの？**

結衣　えっと……。伝わらないようなので、言い方をかえますね。**私に、「帰らないという選択肢はないですよ。**じいさんは、帰ったり、帰らなかったりするんですよね？
それは相当、レアケース。じいさんのそのスタンス、特別ですよ？

じいさん　特別？　いやいや結衣ちゃんだって、イヤなら帰らなくていいんだよ。

「帰りたくないなら、帰らなければいい」って、分別のある大人が言うことじゃないですよ。しかも、お正月ですよ!?

そう～？

結衣　そうです！　年末のニュースを見れば、必ず帰省ラッシュの話題が出てくるでしょ？　新年に会社に行けば、「お正月どうしてた？」「実家で過ごしたよ～」って会話は、大昔から年明けの定番ですよ。それに小さい頃は、両親の田舎にも帰っていました。おじいちゃんやおばあちゃんに挨拶して、お年玉をもらって……。もはやこれは日本の風物詩じゃないですか！　だから、年末は実家に帰るって思いは、当たり前に、普通にありますよ。私だけではなく、全国民が！

じいさん　でもさ～。**みんながそうだとか、小さい頃はそうしていたとか言うけど、それ今の結衣ちゃんに何の関係があるの？**

結衣　大ありですよ！　お正月に実家に帰らないなんて許されません！　帰るのは常識だから。

じいさん　お正月に帰るのは、常識なの？

結衣　常識ですよ！　反抗期の子どもじゃあるまいし、みんなが帰るのに、自分だけ帰らないなんて、おかしいですよ。**お正月の数日間、たかが数日間ぐらい、どんなにイヤでも我慢するべきです。**

じいさん　へ〜、そうなんだ〜。

結衣　そうです！　お正月は、親とうまくいっている人も衝突しちゃう人も、帰るべきもの。それが、私の思う常識です。

じいさん　あのね、結衣ちゃん。さっきも言ったけど、実家に帰りたくないなら、帰らなければいい。本当はめちゃくちゃシンプルなことだよ。

……。そんなふうにシンプルに生きられたらいいですね〜、楽しそうですね〜……。でもね、じいさん。物事って、そんなに単純じゃないんですよ。

えっ！　そうなの？

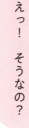

結衣　ここビックリするところですか？　じいさんはあんまり世間と関わっていないようなので、一応、言っておきますけど、とくに親子関係は、長年積もってきたいろいろな感情があるので、複雑になりやすいんです。**そこに波風立てないためにも、せめて、お正月ぐらいは帰っておくべきなんです**。とくに私は、夏休みに帰ってないから、その時点でもう薄情な娘なんですよ……。

じいさん　そんなことないよ～。

結衣　夏休みに帰らないうえに、お正月まで帰らなかったら、1年に1回も顔を見せないことになるんですよ!?　そんなのは人でなし、どう考えても親不孝すぎます！

じいさん　1年に1回は会わないと、人でなしで親不孝なんだ。

結衣　親子の縁を切りたい人は、会わなきゃ問題解決になるだろうけど、私はたとえ折り合いが悪くても、どうにかうまくやっていきたい人なんです。親孝行は、しなくちゃいけないもの。それだけです。

じいさん　え～？　だって結衣ちゃん、お母さんとは衝突してばっかりじゃない～。なのに親孝行を考えるなんて不思議～。

結衣　親孝行は、子どもの義務でしょう？

じいさん　義務？

そう。教育の義務、勤労の義務、納税の義務。この国民の三大義務に、親孝行の義務を加えてもいいぐらい。

がははは！　そんなすごい義務なんだ！

結衣　そうですよ。**どんなに折り合いが悪い母親でも、産んでもらったこと、育ててもらったことについては感謝する。それは、人として当然ですよね？**

じいさん　へ～。そうかなあ？

結衣　え!?　じいさん、そんな基本的なことから疑問ですか？

あなたの感謝って、ホンモノですか？

結衣　実は今、なんでこんなことをいちいち言わなきゃいけないいんだろうって思っています……。

じいさん　親に感謝するのは当然ってこと～？

結衣　そうですよ。私は親が働いてくれたお金で育ててもらったから、進学もできて、社会人にもなれました。母もパートの仕事をかけもちして働いてくれました。私と妹が大学まで行けたのは、間違いなく両親のおかげです。だから、自分が社会人になったら親孝行する。大人になったら恩返しする、感謝をして親孝行する。これは子どもの定めと言ってもいいぐらいですよ。

じいさん　でもさ、もし結衣ちゃんに子どもができて、その子が一生懸命に親孝行をしなくちゃって頑張っていたら、結衣ちゃんはどう思う？

結衣　結婚もしてないので考えられませんけど……。

あのね、結衣ちゃん。
親に感謝する必要はまったくないんだよ。

……!?

じいさん　お母さんが結衣ちゃんを産んだのは、産みたかったから。

結衣　……!?

じいさん　ドラマとかで不良娘が「勝手に産んだくせに！」って親に刃向かう親子ゲンカのシーン、あるでしょ？

結衣　あぁ……。「産んでくれなんて、頼んでねえ！」って捨てゼリフを吐いて、触るモノみな傷つけて盗んだバイクで走り出す……みたいなシーンですよね。

じいさん　がははは、チェッカーズと尾崎豊のコラボ！　あれ、本当にそうだから。**お母さんは、産みたくて、産んだ。ただそれだけのことなんだよ。**

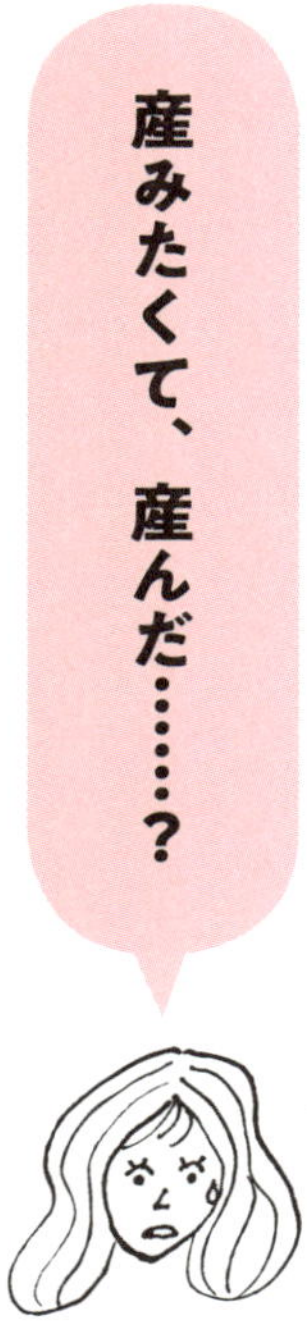

そう。親が勝手に産んだのよ。

結衣　それは、いくらなんでも、ひねくれすぎてますよ！

じいさん　ひねくれてるかぁ〜。

結衣　ひねくれまくってますよ！　**親がいたから、今、私は生きているんです。産んでくれてありがとう。お母さんありがとう。これが正しい考えだと思います。**

じいさん　そうかなぁ〜？　子どもがほしくて不妊治療している人もいるでしょ？　お母さんはただ産みたかっただけなんじゃないの？

結衣　じゃあ百歩譲って、お母さんが勝手に産んだんだとしても、ですよ。そのあと、私たち姉妹を育てて大学まで出してくれました。それに対して、感謝する必要はまったくないなんて、あり得ません。

じいさん　結衣ちゃんが大学に行ったのは、親の希望でもあったんだよ。大学に行ってほしいとか、大学に行かせないと自分が不安だったとかね。結衣ちゃんと親の意見が一致したから、お金を出してくれた。それだけの話なの。

結衣　それだけじゃないですよ！　お母さんがハードなスケジュールで大変な思いをしていたのは事実なんです！　子どものためにいろんなことを犠牲にして、苦労してくれたんです！　私はそれを間近で見てきたんだから。

じいさん　あのね、結衣ちゃんにはそう見えていたかもしれないけど、そうじゃないよ。

結衣　いえいえ、そうなんですよ！　背中を丸めて疲れているときもあったし、それでも仕事が終われば家族のために食事を作ってくれていました。そういうところ、じいさんは見てないですよね？

じいさん　見てないよね～。

結衣　だから、わかるはずないんですよ。お母さんがどんなに大変で、どんなに頑張っていたかなんて。

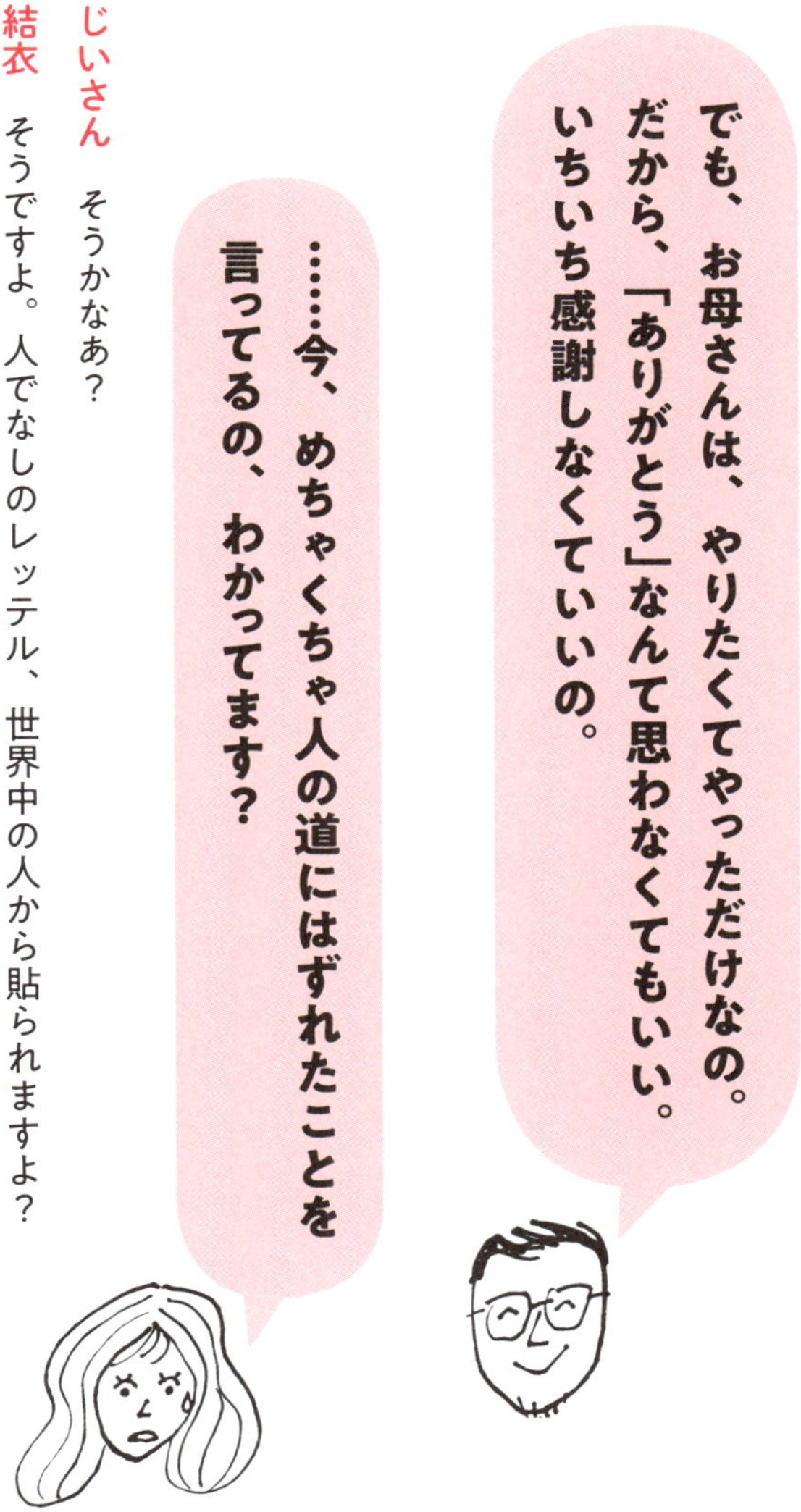
でも、お母さんは、やりたくてやっただけなの。だから、「ありがとう」なんて思わなくてもいい。いちいち感謝しなくていいの。
……今、めちゃくちゃ人の道にはずれたことを言ってるの、わかってます？

じいさん　そうかなぁ？

結衣　そうですよ。人でなしのレッテル、世界中の人から貼られますよ？

じいさん　がはははは。

結衣　人たらしに見えたけど、人でなしですよね。お母さんに感謝しなくていいなんて、世間は許しません！　そういう考え方、私も好きじゃないです。

じいさん　そう？

結衣　誰かに何かをしてもらったとき、「ありがとう」って言いますよね？　その常識はわかりますよね。それと同じです。**お母さんに対して、「育ててくれて、ありがとう」っていう気持ちは、常識から考えて、必ず持っていなければならないことなんですよ。**

じいさん　でも結衣ちゃんさ、本心から「ありがとう」なんて思ってないじゃない〜。

結衣　本心から思ってますよ！　なんでそんなこと言うんですか!?

じいさん　だってさっきから、さんざんお母さんの文句を言ってたよね〜。**「産んでくれてありがとう、育ててくれてありがとう」って言いながら、文句ばっかり言ってたよね〜？**

結衣　ちょっと言っただけですよ。それくらいの文句も言っちゃいけないんですか？

文句が出るってことは、感謝してないってことなの。

だから感謝してますって！　ありがとうって思ってますよ。
折り合いは悪いけど、感謝の気持ちは持っています。
感謝と文句は、別の話です！

いや、違う。本当に感謝してたら、文句も出ないの。
結衣ちゃんのほうが人の道にはずれてるかもしれないよ？

もっとラクに！　もっと自由に！
ワクワク輝いて生きるために大事なこと

第1章まとめ

★帰りたくないのに、実家に帰っていない？

★あなたにとって、お母さんはどう見えている？

★常識や人の目を気にして、自分の本心を見失っていない？

★無理して「親に感謝しなければ」と思っていない？

……まず自分に問いかけてみて。

第2章

お母さんのこと、本当は嫌いかもしれない！

常識よりも自分の「好き」を大事にする

「常識」はどこからもらってきた？

私が人の道にはずれているって、どういうこと⁉
私は常識的な話をしているし、常識はいつだって正解のはず。
でも、ちょっと待って。常識って、そもそも何なんだろう――？

【常識】……ある社会で、人々の間に広く承認され、当然もっているはずの知識や判断力。（『大辞林』）

結衣　常識って、人々の間に広く承認されていることって辞書に書いてあるのに、私とじいさんの場合、どうしてこんなに違うんでしょうね。「親に感謝するべき」と思う私と、「親に感謝しなくていい」と言うじいさん。どちらが常識的かって言ったら、間違いなく私ですよね？

じいさん　そうかもね〜。**まぁ「親に感謝するべき」っていう常識は、言いかえれば、世間のルールだから。**

結衣　世間のルール？

じいさん　朝はおはようと挨拶しましょう、お昼は12時に食べましょう、お正月は家族団らんで過ごしましょう、そして親に感謝しましょう。

結衣　あぁ、多くの人が「そういうものだ」と思っていることですよね。

だけどさ、そもそもその常識、結衣ちゃんはどこで仕入れたの？

じいさん　親に感謝するべきって考え方は、いつどこでインプットされたの？

結衣　……かなり昔、ですかね……？

じいさん　だってさ、「オギャー！」って産まれたての赤ちゃんが、「産んでくれてありがとう。感謝します」とか思わないでしょ。

結衣　たしかに……。まぁ、それどころじゃないですよね。

じいさん　でしょ？　ってことは、その考えは、もともと自分の中にあったものじゃないってことだよね？

結衣　というか、そもそも赤ちゃんは何も持っていないんじゃないですか？

じいさん　そんなことないよ～。赤ちゃんだって嬉しいとか楽しいとか悲しいとか、感情はあるよ～。

結衣　あぁ、そうですね。そういう意味では、赤ちゃんは「親に感謝しましょう」なんて思いを持って生まれてきてはいませんね。

じいさん　でしょでしょ？　だったら、その考えは、どっかからもらってきたものなわけよ。

結衣　う～ん……学校の先生？　道徳の授業で習ったのかな。テレビや映画でも家族の幸せなシーンとか、親孝行する感動的な場面とかありますからね。あ！「恩を仇《あだ》で返すな」って言葉を本で読んだ気もするし、「親孝行しないとバチが当たる」とか言われた気もします。

じいさん　うんうん。

結衣　そうだ！　おばあちゃんからも「親孝行したいときに親はなし」って言われました！

つまり「親孝行しましょう」って考え方は、世間からもらってきたのよ。

結衣　でも、儒教の教えでもありますよね。「親に感謝しましょう」って。古代中国から伝わる孔子の思想でしたっけ？

じいさん　そうだね。２０００年以上は経っているんじゃない？

結衣　そんな大昔から現在まで受け継がれているってことは、その考えが正しいから
じゃないんですか？

じいさん　正しい？

結衣　はい。「お母さんに感謝しましょう」って聞いて「それは間違っている」と思
う人は、じいさんぐらい、いえ、じいさんだけですよ。

じいさん　ひどいなぁ～。僕は間違ってるなんて思ってないよ～。

結衣　じゃあ、正しいと思っているんですか？

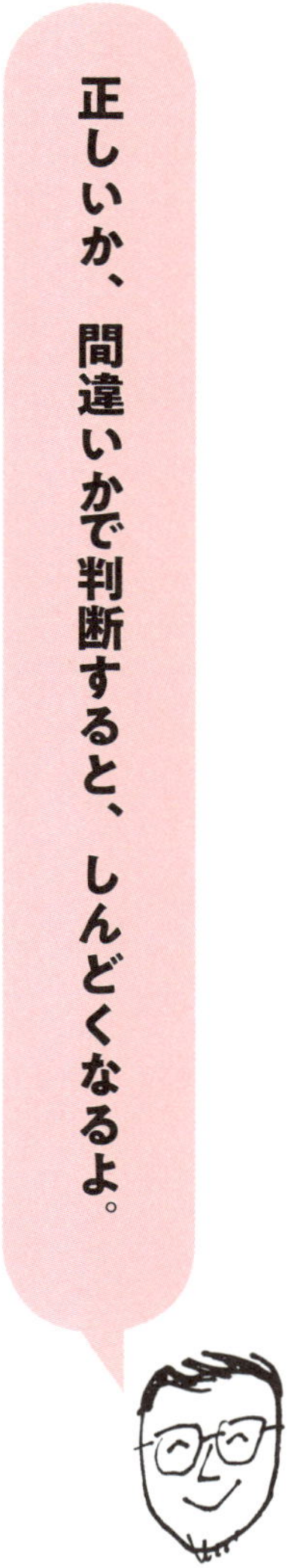
正しいか、間違いかで判断すると、しんどくなるよ。

しんどい？

じいさん　結衣ちゃんは、「お母さんに感謝しましょう」って言われたとき、それが正しい考えだと思うから、「お母さんに感謝するべきだ」とか「お母さんに感謝しなければいけない」って自分に言い聞かせているわけでしょ？

結衣　そう……ですかね？　まぁ親孝行は義務だから……。

じいさん　**それって、「お母さんにありがとうって、思わなくちゃ」って無理やり思っているってことでしょう？**

結衣　無理やりって失礼ですね～。そんなことないですよ！　たとえば母の日にお花を贈るのは、やりたいからやっています。

じいさん　やりたくてやってるなら、いいんだよ。

結衣　……改めてそう言われると……。長年の習慣というか、今さらやめられないというか、やるべきものっていうか……。

じいさん　それそれ。それは世間のルールを守っているのと同じだよ。「母の日には、何かしなくちゃいけない」って世間のルールにのっとってやっているだけ。

結衣　そんなつもりはなかったけど……。でも、小さい頃から「これが常識なのよ」って教わって育ったら、無意識にそのルールに従いますよね？

無意識にルールを守っているから、しんどいなぁと思うんだよ。

そうなんですか？

じいさん　うん。だって、自分がそうしたくてそうしているんじゃないからね。**「親孝行したい」と思って親孝行するならいいの。「親孝行しなくちゃいけない」と思うから、苦しくなるの。**

結衣　私の妹は1か月に1回以上、それくらい頻繁《ひんぱん》に実家に帰っているんです。妹は1か月に1回。私は年に1回。大違いでしょ!?

じいさん　それは刺激されるね～。

結衣　そうなんです。よくもまぁ、あんなに帰れるなって思いますよ。だから「あんなに帰る妹」と「こんなに帰らない私」って比べられるんです。

じいさん　妹が、なんで帰っているかわかる？

結衣　親孝行だからに決まっているじゃないですか。

じいさん　違うよ。妹は、帰りたいから帰ってるの。そうしたいから、してるの。

結衣　……そう言われるとそうかも……。妹は「お母さん、今日うちにいる？　今から帰るね」って気軽にルンルン帰るって感じ。あ！　でももしかしたら、私が全然帰らないから、私のかわりに帰らなくちゃって気を遣っている可能性も……。

じいさん　それはないよ～。無理している人は、そんな頻繁に帰れないって。

結衣　そうですよね……。妹は無理してるわけじゃなくて、自分の気持ちに正直に行動しているだけなんだ。

**そう！　そこなのよ。
肝心なのは、世間のルールを守ることと、
自分の気持ちを大事にすること、
どっちを取るかってことなんだよ。**

自分の気持ちを置き去りにしないで

結衣　世間のルールと、自分の気持ち？

じいさん　そう。妹は世間のルールに関係なく、帰りたいから帰っている。結衣ちゃんは、本当は帰りたくないけど、世間のルールを守って帰るべきだと思って帰っている。世間のルールがどんなに正しくても、それで結衣ちゃんがしんどいなら、それを守る必要はないんだよ。

結衣　はぁ……。

「正しいことだから」って言い聞かせて、頑張ってやり続けることは、結衣ちゃんの気持ちを置き去りにすることなんだよ。

……。

じいさん　やりたくないことをやっていたら、しんどいでしょ？　自分の気持ちを置

き去りにするから、しんどくなるんだよ。

結衣　それはわかりますけど……。でも、世間のルールを守るってことは、ある程度はしんどいものですよね？　そしてそれは人生につきものですよね？

じいさん　がははは！　だーかーらー、なんで世間のルールに従うことが前提になってるの？

結衣　え〜!?　世間のルールとか常識って、法律みたいなものですよ!?　「赤信号を渡っちゃいけません」っていう道路交通法と同じようなもの！

じいさん　道交法〜？　だったら「赤信号、みんなで渡れば、怖くない」。

結衣　……。たとえ罰せられなくても、常識ってそのぐらい強制力があるものじゃないんですか？

じいさん　**なんでそんなに律儀に世間のルールを守ろうとするんだろうね？**

結衣　だって、常識を守らなかったら世間が混乱するじゃないですか！

じいさん　混乱しているのは、結衣ちゃんじゃない〜。

結衣　じいさんがわけのわからないことを言うからですよ！　みんなが言うこと、みんながやっていることは、ほぼ間違いありません。恥をかくこともないし、怒られたり責められたりすることもないし……。とにかく正論ってことですよ。

大勢の人が言うからって、正しいとは限らないのにね～。

結衣　でも、それに従っていたら安心はできますよね。芸能人の不倫報道で、ワイドショーがこんな男は許せないって盛り上がっていたら、自分もそんな気になって怒ったり。海外で評判になっているアイスのお店がオープンしたとか、誰かの小説がベストセラーになったとか、いろんなニュースがあるじゃないですか。私はそのアイスを食べたとき、おいしいのか、まずいのか。小説を読んだとき、面白いのか、面白くないのか。それをまずＳＮＳでみんなの意見をチェックするんです。

じいさん　へぇ～！

結衣　みんなが「おいしい」って言っていたら、私も安心して「おいしい」って
ＳＮＳにアップできるし、みんなが「面白い」って言っていたら、私も自信を持って「面白い」ってアップするんです。

じいさん　へぇ～……。

結衣　まだありますよ。たとえば、どの政党がいいとか悪いとか、自分があまり知らないことはみんなの意見を優先しちゃうし、同僚のあの人がいい人だとか、イヤなやつだとか、自分が知っている人のことでも、まずは人の意見に乗っかっちゃうかな。「自分がどう思うか」なんて二の次。まず世間がどう思っているか、友だちがどう思っているかがすごく気になるんです。

じいさん　**それって、世間の考えが、結衣ちゃんの考えってことだよね？**

結衣　まぁ近いですね。

そんなに世間に振り回されているんだ～。自分がいないんだから、そりゃあ振り回されちゃうよね～。

自分がいない!?　どういうことですか？　全然わかりません～！

じいさん　簡単簡単～。**自分の気持ちに正直になったらいいんだよ。**実家に帰りたいか、帰りたくないか。お母さんのことが好きか、嫌いか。それをしたいか、したくないかを考えればいいんだよ。正直になれないってことは、そこに自分がいないってこと。すごくシンプルでしょう？

「普通のコンサート」には行かなくてもいい

じいさん　結衣ちゃん、実家に帰って楽しい？

結衣　……。

じいさん　楽しい？　つまんない？

結衣　楽しくはないです。でも、つまらないだけでもない。まぁ普通です。

じいさん　彼氏といるときは？

結衣　もちろん、楽しいです。

じいさん　妹といるときは？

結衣　楽しいですよ、ケンカもするけど仲良しですから。

じいさん　お母さんといるときは？

結衣　……普通かな。

じいさん　あのね、結衣ちゃん。**普通のところになんて、行かなくていいの。**

結衣　……!?

じいさん　好きなアーティストと、嫌いなアーティストと、普通のアーティストのコンサートがあったら、どれに行く？

結衣　好きなアーティストのコンサートに決まっているじゃないですか。

じいさん　でしょう？　じゃあ、レストランに行ったとき、好きな定食と嫌いな定食と普通の定食があったら、どれ食べたい？

結衣　好きな定食です。

じいさん　でしょう？

結衣　でしょうって、まさか……。お母さんと定食を一緒にしようとしてます？

じいさん　アタリ〜！　一緒一緒〜、一緒にしていいの〜！

結衣　そんなバカな……。お母さんの話と、アーティストだとか定食の話を一緒にしていいはずありません！

普通のアーティストのコンサートには行きたくない、普通の定食は食べたくない、普通の実家には帰りたくない。みんな一緒。

だーめーでーす！

じいさん　なんで一緒にしちゃいけないの？

結衣　定食はモノだけど、親は人間です！　そもそも比べること自体がおかしい！

じいさん　じゃあ、アーティストと親なら？　同じ人間だけど。

結衣　次元が違います！　アーティストはしょせん他人だけど、親は何十年も一緒に暮らしてきた人！　産んでもらったし、育ててもらった人です！　血がつながっている人と、しょせん他人のアーティストを一緒にはできませんって。

じいさん　それがね～、一緒にしていいんだよ。一緒にできないってことは、世間のルールを律儀に守っているってこと。得体《えたい》の知れない世間のルールを最優先させているってこと。

結衣　……。

普通のアーティストのコンサートに行かないんだから、
普通の実家だって帰らなくていいの。
ましてや嫌いなら……。
……。

人のことは嫌っていい。そして、嫌われてもいい

じいさん　好きか、嫌いか。帰りたいか、帰りたくないか。そんなシンプルな話なのに、「親孝行」とか「血がつながってる」とか「感謝」とか「世間のルール」とかを絡めるからややこしくなるの。

結衣　……**帰りたくないって気持ちを優先して、帰らなくていいってことですか？**

じいさん　アタリ～！　お盆もお正月も、ず～っと帰らなくていいんだよ～。

結衣　わかりました、帰りません！　……と言いたいところだけど、現実的に考えるとどうかな……。親戚の目もあるし、お母さんも悲しがるし……。

じいさん　あぁ～、嫌われたくないってことね。だったら結衣ちゃん、ちょっとドキッとさせるかもしれないことを言うよ？

じいさん　結衣ちゃんね、お母さんに嫌われてたのよ。

結衣　え⁉

お母さんは、結衣ちゃんのことが嫌いだったの。

はい⁉　嫌いではないと思います。
嫌いなはずは、ないと思いますけど？

じいさん　妹は、帰りたくて実家に帰っているんでしょう？

結衣　はい。

じいさん　でも、結衣ちゃんはなかなか実家に帰る気分にはならないんでしょう？

結衣　……まぁ。

じいさん　そこだけを切り取っても、よくわかるよ。お母さんは、妹が好きだった。結衣ちゃんのことは、嫌いだった。結衣ちゃんがお母さんをあまり好きじゃなかったのは、結衣ちゃんがお母さんに嫌われていたからだよ。

結衣　……ひどいこと言いますね。親なのに、好き嫌いがあるんですか？

じいさん　親も人間だからね。

結衣　でも、親ですよ？　自分のおなかを痛めた子が嫌いなんて、あってはいけないことでしょう。

じいさん　あっていいでしょ〜。みかんより、りんごが好きとか言うのは普通のことだよね。２人いたら、こっちのほうが好きって思うのはしょうがないよ。

結衣　じゃあ、比べる対象がいない１人っ子だったら？

じいさん　１人っ子だって同じ。やっと授かった子でも、生理的にあんまり好きじゃないってことだって、十分にあり得るよね。

結衣　……親から嫌われたら、子どもは生きていけませんよ。

じいさん　そうだよね。お母さんだって「子どもを嫌いなんて思ったら、人として最低だ」って思っているわけよ。だから、なるべく子どものいいところを見ようと頑張ったり、子どもの機嫌を取ってみたり、あーでもないこーでもないって悩むわけよ。でも、嫌いなものは嫌い。生理的なものなんだから、これはどうしようもない。

お母さんに嫌われている子どもだったなんて、もう全米が泣きます！　いえ世界中の〝全娘〟が泣きます！　まったく救いがない話じゃないですか！

がははは～。何が言いたいかって言うと、誰にも罪はないってこと。

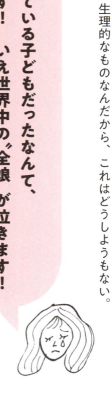

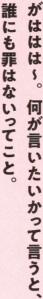

結衣　罪？

じいさん　ミシュランで５つ星の美味しい中華料理屋さんがありました。世界中のセレブやグルメたちがその店に行きました。さて質問です。１００人が来店したとして、全員が美味しいって言うと思う？

結衣　５つ星ですから言うでしょうね～。でも実は私、中華は好きじゃないんですよ。

じいさん　そうそう、全員に好かれるわけじゃないよね？　99人に絶賛されても、「あのお店、嫌い」って言う人が１人はいるかもしれないよね。

結衣　少なくとも、私はその１人ですね。

じいさん　これって、誰が悪いと思う？　中華料理屋さん？

結衣　中華料理屋さんは……悪くない。一生懸命、自分の料理を作っているんですから。

じいさん　そうだよね。じゃあ、その店を好きなお客さんは、悪い？

結衣　いえいえ、そんなわけないですよ。

じいさん　そうだよね。じゃあ、中華料理を嫌いな結衣ちゃんが悪いのかな？

結衣　私は悪くないですよ！

じいさん　どうして？

結衣　だって中華は苦手なんですって！　嫌いでも仕方がないじゃないですか。

じいさん　ほら。

結衣　え？

じいさん　**嫌いなのは仕方がないし、どうしようもないの。どうにもならないことなの。**

結衣　まぁ、たしかに……。

中華料理屋さんに嫌われる原因がないように、お母さんに嫌われた結衣ちゃんにだって、原因はないの。

結衣　ちょっと待ってください！　私が中華料理が嫌いなのには原因がありますよ。子どもの頃に虫が入ったドロドロした中華丼を食べてゲロ～って……。

じいさん　いいよいいよ、説明はやめて～。

でも嫌いになるには、ちゃんと原因があるんです。
だから嫌われる人にだって
原因があるような気がするんですけど……。
性格が悪いとか不潔だとか……。

性格が良くても、清潔にしても、
嫌われるときは、嫌われるから。

結衣　性格がいい人を嫌う人なんていますかね？

じいさん　結衣ちゃんにとってはやさしい人でも、他の人にとっては優柔不断って思う人もいるでしょう？　結衣ちゃんにとっては性格がいい人でも、他の人にとっては性格が悪いって感じる人は、いくらでもいるんだよ。

結衣　たしかに同僚にもいますよ。話が面白くて私はその人のことが好きなんですけど、みんなはお調子者だからヤダって言ってます。

じいさん　でしょう？　１００人が好きっていう人を、同じ理由で嫌いって人もいるわけ。好きなところが、嫌いになる。これが世界だ～！

結衣　いきなり大きく出ましたね……。

じいさん　**大切なのはね、嫌われても、その人のせいじゃないってこと。**お母さんに嫌われても、それは結衣ちゃんのせいじゃない。

結衣　私のせいじゃない……。

じいさん　そう。そして結衣ちゃんのことを１００人中１人、嫌いな人がいたとして、それがお母さんだったとしても、お母さんにも、罪はない。

結衣　え～！　娘を嫌いなお母さんですよ？　罪はないんですか⁉

そう。嫌われることに罪はないように、
嫌うことにも罪はないの。
だから、「嫌いだから、嫌い」でいいのよ。
人のことは嫌っていいんだよ。

結衣　頭ではわかりますけど、できれば人のことを嫌いにはなりたくないな。中学生のとき、仲が良かった友だちに、突然無視されてつらかったことがあるんです。人にされてイヤだったから、自分はしたくないな。

じいさん　そりゃあ誰だって嫌われたくはないよ～。でも、嫌われるようなことをしなくても、嫌われないように一生懸命にいい人にしてても、嫌われるときは嫌われるの。**嫌うことも、嫌われることも、別に悪いことじゃない。問題は、そんな自分はダ**

メなんだって、自分を責めることだよ。

結衣 う〜ん……でもお母さんに嫌われる私は、ダメじゃないのかなぁ……。

じいさん ほらほら、ミシュラン５つ星の中華料理屋！　中華料理屋は、全然悪くな〜い！

結衣 ……でも、親子の場合、「嫌いだから、それでいい」って、そう簡単には割り切れません……。

じいさん 好きなものは好き、嫌いなものは嫌い。それでいいはずなのに、そこに「親だから、そんなはずがない」とか「親なのに、そんなことがあってはならない」という深〜い思いが、重〜くのしかかってしまうんだよね〜。でも、相性が悪いのはどうしようもないでしょ？

結衣 なんだか救いがありませんね……。

「私、お母さんのこと、嫌いだったんだ」って言ってみて。

結衣　え？　急に何ですか？　……私、お母さんのこと、嫌いだったんだ……？

じいさん　どんな感じがする？

結衣　ん～、あんまり感情は込められませんね。というか、感情を込めては言えないセリフですよ……。

じいさん　しぶといね～。

結衣　私だってスッキリしたいですよ！　したいですけど、なんかまだモヤモヤが……。

じいさん　よし！　じゃあ結衣ちゃんをスッキリさせてあげよう！　**お正月は、実家に帰る必要はありません！**

結衣　え～!!　お正月まであと2週間か……。考えておきます。またここで会えたら、その結果をお知らせしますね。

じいさん　楽しみだね～。

結衣　あの……そのバッグ、ボッテガ・ヴェネタですよね？

じいさん　そうだよ。

結衣　ホンモノ……ですよね⁉

じいさん　そうだよ。

結衣　よかった〜！　なんかそれがニセモノだったら、もう今までの話も信用できなくなりそうで！

じいさん　僕の信用はそこかっ！

もっとラクに！　もっと自由に！
ワクワク輝いて生きるために大事なこと

第２章まとめ

★物事を「正しい」「間違っている」で判断しない

★自分の気持ちと、社会の常識、どっちを優先しているか確認してみる

★無意識に常識を優先することは、自分の本心を置き去りにしていること

★「好き」なところに行く。それ以外のところへ行く必要はない

★嫌われてもいいし、嫌ってもいい

★人から嫌われても、人を嫌っても、自分にも他人にも罪はない

第3章

もしかして私、愛されてない？

「ない」を前提にするから愛がない

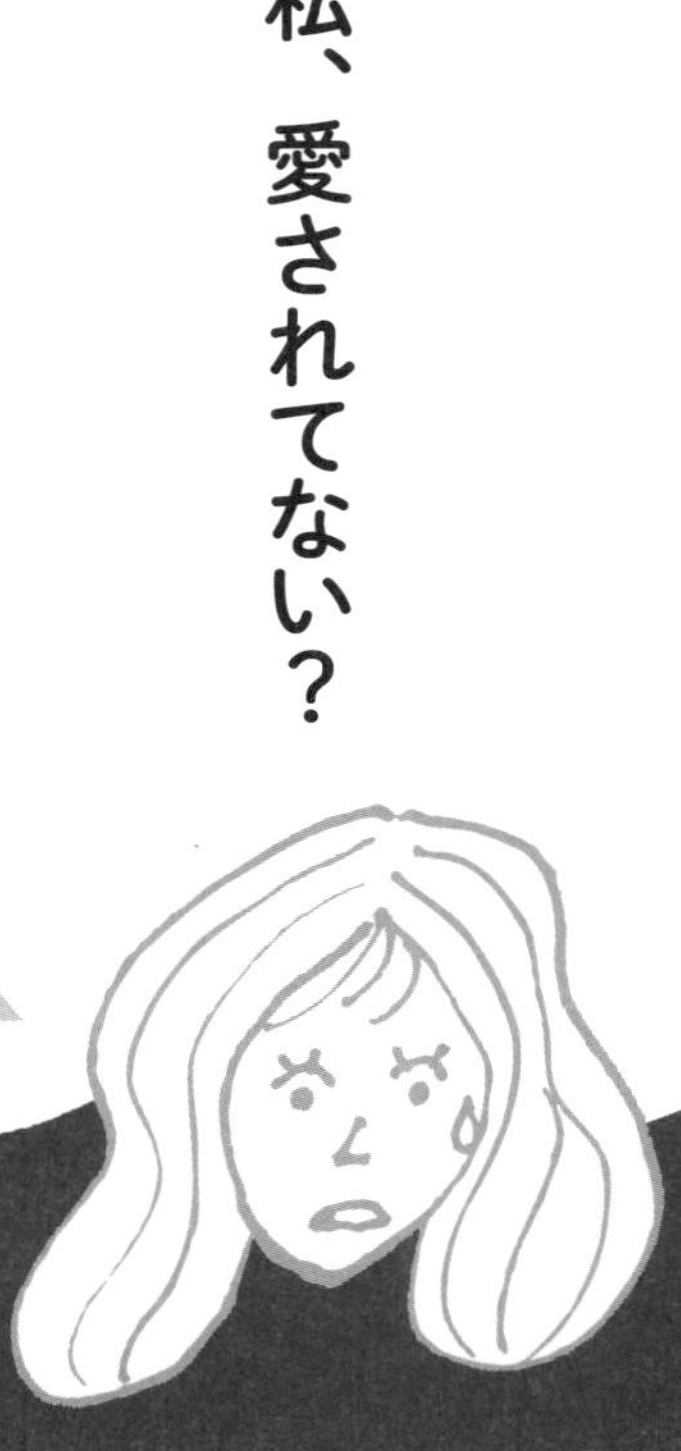

映画のヒーロー、玉砕《ぎょくさい》する……

玉砕です。

年末に実家に帰ったら、玉砕しました。

じいさんにあれほど「帰るな」と言われたものの帰ってしまいました……。

だって長い習慣をあっさりかえられるほど、じいさんの話を理解できたわけでもないし、そもそもじいさんって何者!?　という疑問すらあるし、何よりもすんなり「帰らない」という決断ができるほど、私は強くはありません。


「ただいま～」

そう言って家に入ると、「お帰りなさい。疲れたでしょう、結衣ちゃん」とお母さんは笑顔で出迎えてくれました。でもそれも束の間、すぐさまグチや文句が全方位から飛んできました。

お父さんにテレビの音がうるさいと怒鳴られたとか、男の更年期はタチが悪いとか、お父さんは臭いから一緒にいたくないとか、友だちが入院したのは旦那によるストレスだから、自分もそろそろ病気になりそうだとか。

お母さん、あなたはきっと元気だよ、いつまでも……。

なんて慰《なぐさ》める言葉を差し挟む間もなく、隣の家から枯葉が飛んでくるから苦情を言ったとか、町内会でゴミの当番をズルする人がいるから抗議してやったとか。

お母さんこそ、近所迷惑になってないの……？

……と、だんだん腹立たしく思ってきた頃に、私の番がやってきた！

結衣ちゃん、もう大人なんだから、いつまでもそんな若い洋服ってどうなの？　会社の人はもっとちゃんとした洋服を着ているんじゃない？　その派手な爪、会社で怒られないの？　だいたいみっともないわよ、家でもダラダラ過ごしているんでしょう？　そんなだからいつまでも結婚できないのね……。

あぁ、もううんざり！

でもあと3日の我慢！　スルースルースルー、私は大人だからスルー……。

そう自分に言い聞かせ、耐えて耐えて耐え抜いて、やっと帰れるその日に希望をつないで過ごしていました。それはまるで、銃弾を一身に受けながらも耐え続けている映画のヒーローのよう。

紅白を見ながらも、年越しそばをすすりながらも、新年のお笑い番組を見ながらも、お母さんの弾丸はノンストップ！　ヒートアップ！　お母さん最強！

さすがのヒーローも瀕死《ひんし》状態になった1月3日の最終日。このまま倒れ去るのか、いよいよ反撃の火蓋《ひぶた》が切って落とされるのか……というタイミングで、ハワイ帰りの妹夫婦が帰ってきたのでした。

ハワイのお土産にお母さんは大喜び！

こんなにたくさん、お母さんのために買ってきてくれたの？　あなたが選ぶものはいつもセンスがいいわねぇ。このお菓子もとっても美味しい！　やっぱり旦那さんと美味しいお店によく行ってるものねぇ。あなたは本当に愛されていて幸せ者だわ。お母さんね、お友だちにあなたたちが仲良し夫婦だってよく自慢してるのよ……。

弾丸の連射から解放された私は、部屋の隅に置かれたままになっていた自分で持ってきたお土産のせんべいをボリボリ食べていました。

ボリボリボリ。

お母さんと妹がいつまでも楽しく笑っている様子を見て、ふと思い出しました。


お母さんは妹が好きで、結衣ちゃんのことは嫌いなんだよ。

じいさんの言葉です。
「小さい頃から誰にでも気を遣ってやさしい子だったから、クラスでも人気者だったわよね～」
妹の小さいときの話で盛り上がっているそのとき、お母さんが言いました。

「お母さんね、結衣にはかわいそうなことをしたと思っているのよ」

はいはい、きました。

この一言で、私には何の話かお見通しです。

「結衣が小学生のとき、ピアノを買ってあげなかったでしょう？　エレクトーンで我慢させちゃって、かわいそうなことをしちゃったなって今でも思っているのよ」

いつもの話。

だから、我慢。

そう言い聞かせるけど、瀕死だった私にじいさんの言葉がまとわりついて、私のイライラは募《つの》ります。

他の人にしてみたら、こんな会話、他愛《たわい》もないと思うでしょう。むしろお母さんが娘を思う微笑ましいエピソードととらえるかもしれない。でも、私にとってこの話は、全然違う意味を持っています。

いくつになっても、いつまで経っても、私は〝かわいそうな子〟のまま――。

言うべきときがきた。そう思いました。

「あのさ、お母さん。私、一度でも、お母さんに『ピアノをやりたい』って言ったことある？」

「そりゃ、やりたかったに決まってるでしょう。周りの子はみんなピアノを持ってたんだから」

「周りの子はそうでも、お母さんは実際に、『結衣はピアノ、やりたいの？』って聞いてくれたことないよね？」

「あら、なかったかしら？」

「ないよ！　私は一度も一瞬も、ピアノをやりたいなんて言ったことも、思ったこともないんだから。だから『エレクトーンで我慢させられた』んじゃなくて、エレクトーンだってやりたくなかったんだよ」

「そんなことないわよ。みんながピアノ教室に行っているのに、あなただけエレクトーンだもの。本当にかわいそうで不憫《ふびん》だなって……」
「私は、かわいそうでも、不憫なんかでもない!!」
思わず大声でそう言うと、お母さんは固まってしまいました。
お母さんのこと、傷つけた?
一瞬、そんな気持ちがよぎったけれど、じいさんの言葉を思い出したんです。
嫌われてもいい——。

カーン！

その瞬間、頭の中でゴングが鳴り、瀕死のヒーローは果敢《かかん》に立ち上がりました！

「その話、何百回も聞いてるけど、それって周りの家はピアノを買っているのに、うちは買えなかったっていうお母さんのプライドが許せなかっただけの話でしょ！　それを『結衣にかわいそうなことをした』って話にすりかえてること、わからないの？」

「結衣の気持ちは、お母さんがいちばんよく知っているわよ。結衣は、ピアノがやりたかったけど、遠慮して言えなくて……」

「遠慮なんて、してない！」

「結衣は小さいときから気持ちを素直に言えないところがあったでしょう？　だからピアノだっ

て……」

「ピアノなんて興味ないって何回言わせるの？　勝手に決めつけないでよ！　私の気持ちを無視しないで！　お母さんは、何でもそう」

「何でもって、何よ!?」

「私の気持ちをくんでくれたことなんて、一度もないってこと！　私が悲しいと思ったこと、嬉しいと思ったことに、お母さんは全然興味がなかったでしょう。だから、私はお母さんに何も話さなくなったんだよ！」

「なんで言わないの。正直に言えばいいじゃない」

「言ってもムダだからよ！　お母さんが私を理解してくれるなんて思わなかったし、思えなかったから、もう、あきらめたの！」

「なんてことを言う娘なの……」

そして、つぶやきました。

「結衣は結婚してないし、子どももいないから、親の気持ちがわからないのね……」

その言葉を聞いて、私はわけもわからず叫びました。

「違うよ、お母さんは私のことが嫌いなんだよ！　私だって嫌いだよ！　私、もう帰る！」

果敢に立ち上がったヒーローのはずが、その言葉を言った瞬間、玉砕しました。

ひどいひどいひどいひどいひどい、お母さんはひどい！

……でもでも、私だって、ひどいことを言った……。

お母さんに理解されず、小さいときから気持ちを踏みにじられてきた私は、何とも言えない罪悪感を抱えて、自爆したのでした。

この罪悪感は、東京に戻ってきてからも、会社がはじまってからも、ずっとつきまとい、散々な新年がスタートしたのです。

お母さんを傷つけた私は、非常識!?

年が明けたというだけで、たった1週間前に会ったばかりの同僚なのに、なんだかみんなとっても新鮮。社内のあちこちで、新年恒例の会話で盛り上がっています。

「お正月、どうしてたの?」「実家でまったりと」「お雑煮食べすぎ～」「私はお酒を飲みすぎ～」「お年玉もらった?」「もらうんじゃなくて、あげるんでしょ～」「そんなことしたら親が感動して泣いちゃうよ～」……。

「家族団らん楽しいな」。みんながそう言っているように聞こえます。

そのたびに「私だけ……」という思いがよぎり、泣けてきそうです。

「結衣はお正月、どうしてたの?」

ランチの時間、貴子からそう聞かれたとき、たまらなくなって私は〝涙の正月物語〟を話したのです。

貴子は同期入社ですが、私の数倍も上司からの信頼が厚く、部下からも頼りにされている、いわゆるデキるＯＬです。率先して自分の意見を言い、反対意見にはじっくり耳を傾け、そして最後はみんなが納得できる結論を提案するので、誰もが貴子には一目置いています。

だから、私もすがるようにこの罪悪感からの救済を貴子に求めたのでした。

「結衣が、間違っているよ」

グサッと刺さる一撃がきました！

「親に向かってそんなひどいことを言うって、どうなのかな。だいたい1年に1回しか帰っていないんでしょう？　それだけでも親は寂しがっているのに、その1回すらも親を喜ばせることができず、ましてや泣かせるって、娘としてどうなのかな」

泣いてはいないよ、お母さんは……。いや心では泣いていたのかな……。

「私だって、お母さんが口うるさいなって思うことはあるわよ。でも、それの何が問題なの？　心配してくれているんだなとか、お母さんはちょっと機嫌が悪いのかなとか、そう思えない？　聞き流せばいいじゃない。それをわざわざ揚げ足を取って言い返すなんて」

……揚げ足じゃなくて、私が足をすくわれた感じなんだけど……。

「お正月にお母さんを悲しませるなんて、それはちょっとひどい。結衣さ、常識から考えてみたらわかるでしょ？」

……私だって、そう思っている。いつものように我慢していればよかったって思っ

ている。そうしたらお互いに不満を持ちながらもうまくやり過ごし、そこそこの平和、そこそこの家族団らんがあったはずなんだから。

そんなこと、わかってるんだよ。でも……。

「貴子の言うことは、正論だけど……」

言われっぱなしでがっくりと肩を落としながらも、私は気になっていたことを言ってみました。

「正しいことが、正しいとは限らないっていうか……。常識ばかり気にしていたら、自分の気持ちがおろそかになっちゃうっていうか……」

「どういう意味？」

「親子でも相性があるっていうか、嫌いなものは嫌いでかまわないっていうか……」

「結衣、何を言っているのかさっぱりわからないよ」

というわけで、私はじいさんというユニークな人に会ったこと、常識よりも自分の気持ちを優先していいということ、嫌われてもいいし、嫌ってもいいということなどを貴子に話したのです。


「ということは、つまり……」

貴子の表情がどんどん険しくなっていきます。

「親に育ててもらった愛情を無視して、親孝行する必要がないってこと？　人の気持ちを考えることもしないで、自分の気持ちを優先するっていうこと？　人を許したり、いいところを見ようともしないで、嫌いな人は嫌いでいいっていうこと？」

答えに窮して口ごもる私に向かって、貴子が言いました。

「結衣。騙《だま》されてるよ」

そうきたか！

「どんな仕事をしている人？」

「聞いてない……。でもボッテガ・ヴェネタのバッグを持ってたよ。お金持ちそうな感じ」

「そう。平日に朝からカフェにいて、どんな仕事をしているかわからないけど、お金持ち。どんなにヨボヨボなじいさんか知らないけど、かなり怪《あや》しいわね。1回しか会っていないじいさんの言葉、どうしてそこまで鵜呑《うの》みにできるの？」

「鵜呑みにしているわけじゃないよ。でも、今まで当たり前だと思っていたことに、ちょっと疑問を持った……というか」

「だからそれが、まさに騙されているんだってば」

「……」

「結衣は、実家に帰りたくないと思っていた。年末が憂鬱《ゆううつ》だと悩んでいた。そんなとき、都合のいいことを言われたもんだから、結衣はそのじいさんの言葉を正しい、信じたいと思った。そういうことよ」

「そう……かな」

「お金持ちに見せかけて信用させ、人の弱みにつけ込むのって、まさに騙しの常とう手段じゃない。冷静に考えてみてよ。親に感謝しなくていい、実家に帰らなくていい、嫌われてもいい。そんなこと言う人、周りにいる？　1人でもいる？」

「……いないね」

「でしょう？　非常識すぎるもの！　お話にならないわ。じいさんの考え方は、おかしいし危険よ。結衣は素直だから、すぐに感化されちゃうの。もしくはその人、よほど話がうまい天性の詐欺師よ」

「私を騙してじいさんが得することって別にないけど……」

「そんなのまだわからないじゃない。詐欺師はじわじわと騙していくものよ。次に会う約束とかしてない？　お金を持ってこいとか言われてない？　どんなにシワシワなじいさんでも、油断しちゃダメ！　十分に気をつけたほうがいいわよ」

この言われっぷり！

じいさん、ごめんなさい。貴子の中ではヨボヨボでシワシワなじいさんになっています……。

だけど、貴子の言う通りかもしれない。だって、じいさんに言われたから、お母さんは私を嫌いなんだとか、お母さんに嫌われてもいいなんて思ってしまったわけで、それでお母さんと大ゲンカになったわけで、そして今は罪悪感でいっぱいなわけで……。

じいさんの言うことは、やっぱりおかしいのかもしれない。

じいさんを疑いはじめ、貴子にこてんぱんに言い負かされた今、道路に横たわる命尽きかけたセミが、あっけなく車に踏みつぶされたような気持ちです。

貴子に注意されてから数日。

日が経つにつれて、いよいよ貴子の言うことがもっともに思えてきます。

そう思えば思うほど、じいさんの言うことをちょっとでも信じてしまった自分をバカバカバカと責め、同時にじいさんに怒りがわいてきます。

じいさんにさえ会わなければ、お母さんに余計なことを言うこともなかったのに！

じいさんのバカヤロー！

文句のひとつでも言わなければ腹の虫がおさまらない!!

鼻息荒く、週末の朝、スタバに行きました……が、いません。

翌週の朝に行ってみても……いません。

三度目の正直！　とばかりに出かけたある日、公園でギターを弾きながら歌っている人を見かけました。

なんだか目がチカチカするぞ、あの光っているものは何だ？

ちょっと寄ってみると、足元が太陽の光を受けて何やら光っています……ジミーチュウの靴じゃない!!　あれ10万円以上するはず！　なんだ、お金持ちが暇つぶしでギターを弾いているわけね。のんきでいいもんだなあ……。

でも、その人の周りを囲んでいる何人かの人は、とてもやさしい顔でその人の歌声に聞き入っています。

ちょうど曲が終わり、次の曲に入るとき、そのギター弾きは言いました。

「『ママの歌』ってのを歌います」

ママの歌……？　今、私のいちばんの悩みの種！

ついつい引き寄せられて、私も観衆の輪の中に交ざりました。

家の中はモデルルームみたいに片づいて
手作り料理はいっぱいで
子どもにやさしく　怒鳴ったりしないで

うちのお母さんとは大違いだよ。やさしくもなければ、怒鳴ってばっかりだ。

そんなママになりたかった
そんなママじゃないとダメだと思ってた

……私のお母さんは、どんなママになりたいと思っていた
んだろう？　そんなこと考えたことあるのかな……。
ないない！

頑張っているのに　できなくて
頑張っているのに
文句ばかり言われて
文句言わせないように
さらに頑張って
怖い顔してにらんでた

……私もね、自分なりにお母さんとうまくやろうとして頑張ってきたんだよ。でも、頑張るほど空回りして、こじれて、ややこしくなって、今となってはもう仲直りなんて無理……。

気がついたら、1曲終わっていました。

ギター弾きが満面の笑みで「聞いてくれてありがとう」とキャップを脱ぐと……。

「じいさん‼」

目の前のギター弾きは、私が探していたじいさんでした。

「おお〜、久しぶり〜」

「じいさんって、路上アーティストだったの⁉」

「がははは、違うよ〜。今日は天気がいいから、ちょっと歌いにきた。結衣ちゃんは、どこかに行くところ？」

「スタバですよ！　じいさんを探して！」

「今、出会っちゃったね〜。ちょうどこれから行くところ。じゃ一緒に行こっか」

「あ、はぁ……」

じいさんはニコニコしながら、ギターをしまいはじめました。なんだか幸せそう。

そのやさしいオーラを前にして、私はなんだか毒気を抜かれた感じです。

「理解してほしい」。その願いはあなただけのもの？

じいさん　がははは。天性の詐欺師ね～。１００万円で壺、売ろうか？
結衣　笑いごとじゃありませんよ！
じいさん　でも貴子ちゃんの話、面白いね。
結衣　私は非常識だ、親不孝だってさんざん非難されたんですよ！

じいさん　だって貴子ちゃんの話、そのまんま、結衣ちゃんが言ってたことだもん。

結衣　え？

じいさん　この前、結衣ちゃんも言っていたよね。非常識です！　あり得ない！　親不孝だ！　人としてどうかしてるわ〜って。

結衣　たしかに……。でも貴子に言われてよくよく考えてみると、やっぱり貴子の言うことは正しいし、まっとうだなって。

じいさん　まっとう、ねえ〜。正しさで判断すると、苦しくなるんだってば〜。だから今、苦しいよね〜。

結衣　……。**でも〝正しさの威力〟は大きいですよ。**たとえば、「女子の部屋は、きれいで当然」って思われているじゃないですか。ということは、「きれい＝正しい」んです。汚い部屋なんて好かれないでしょ。だから「汚い＝悪《あく》」なんですよ。

じいさん　そうかなあ？　「汚部屋《おべや》」に住んでいる女子の話なんて、普通にネットやニュースで話題になるじゃない。

結衣　それは例外だから話題になるんですよ。

じいさん　でも、そういう人もいるよね？

結衣　いるけど、世間は、それを良しとはしない。なぜなら正しくないことだからです。じゃあ聞きますけど、じいさんの奥さんは、きれい好き？

じいさん　うん。部屋はいつもすっきりしているよ。

結衣　ほらね。なんだかんだ言って、じいさんだって、奥さんはきれい好きのほうがいいと思っているってことでしょう？

じいさん　違うよ。奥さんは、たまたまきれい好きだっただけ。もし、片づけられない人と結婚したら、僕が掃除しているかなぁ～。

反論しますけど、「片づけられなくてもいいよ」なんて言っている男性だって、結局、きれい好きな人と結婚する。そういうことだと思うんですよ、世の中って。

じいさん　食事は手作りしなきゃ、キャラ弁にしなくちゃ、節約しなくちゃ、部屋はいつもピカピカでいなくちゃ……。これって、疲れない？

結衣　そんな感じのこと、さっき歌ってましたね……。聞いているだけで疲れますよ。でも、それが世間で言うところの「正しい」なんです。それが正解。貴子は、まさにそのタイプ。家の中なんてモデルルーム並みの美しさです。ちなみに、結婚したら2年後に家を建てて子どもは2人。弁護士とスポーツ選手に育てるって言ってます。親の介護も自分の老後も、ちゃんと今から計画してますから。

じいさん　すごいね～。

結衣　貴子みたいに「こうあるべき」っていうちゃんとした判断基準を持っている人から、あなたは間違っているって言われると、どんな決心も揺らぎますよ。つまり、たまにしか実家に帰らないのに、ケンカしちゃったダメな私ってことですよ。

じいさん　だから、帰らなきゃよかったんだよ～。実家に帰らなければ、お母さんともケンカしなかったし、貴子ちゃんにだって責められずにすんだのに。実家に帰らなければ、何も問題は起こらなかったってこと。

結衣　それはそうだけど……。

じいさん　お母さんともめた話を聞いていると、お母さんは、結衣ちゃんの気持ちをずーっと無視していたってことになるよね。

結衣　そうです。私の気持ちなんて、大事にされませんでした。

嬉しいこと、悲しいこと、楽しかったこと、
いっぱい伝えたかったのに無視されて、悔しかったんだよね。

期待するのはやめようって、あきらめていたつもりでしたけど、
カチンときたってことは、まだ未練があったのかも。
理解してほしい、わかってほしいって……。

じいさん　お母さんは、お母さんなりに結衣ちゃんのことを理解しようとしていたと思うけどな～。

結衣　なんでそう思うんですか？　そんなはずないですよ。だって、理解しようって思うなら、まずは私の気持ちを聞きますよね？　結衣はどう思うの？　って。そんなふうに聞かれたことは、一度もありませんから。私の気持ちを聞きもしないで、お母さんは勝手にわかったつもりになっているんですよ。「結衣はこうだ」って決めつけて。これで私を理解できるわけがないですよね？

じいさん　でも、お母さんは、結衣ちゃんのことを理解しているつもりだって言ってるんでしょう？　そして結衣ちゃんは、お母さんは何ひとつ自分を理解してくれなかったと言っている。じゃあ、ひとつ聞くね。結衣ちゃんは、お母さんのことを理解しようとしたこと、ある？

結衣　私が？

うん。お母さんのこと、わかろうとしたことある？

……ありません。「なんで、わかってくれないんだろう？」とは、何百万回も思いましたけど。

じいさん　だよね。結衣ちゃんは、「お母さんは、私を理解してくれない」ってずーっと言っている。理解してくれ、理解してくれ、理解してくれって、まるで〝くれくれ星人〟だ。

結衣　理解してくれない人のことを、理解しようなんて、普通は思いませんよ。

じいさん　うんうん、そうだね～。じゃあさ、お母さんがグチを言ったとき、結衣ちゃ

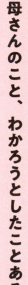

んは黙って聞いてあげずに、いちいち言うでしょ。「こうすればいいのに」とか「それは違う」とか。**それってアドバイスをしているようで、お母さんを否定しているってこと**。つまりね、お母さんだってずっと結衣ちゃんに否定されてきたって思っていたわけ。だとしたら、お母さんは結衣ちゃんに対してどう思うかな？

結衣　……**結衣は、私のことを理解してくれない……**。

じいさん　そうだよね。ということは……？

結衣　……お互いに理解してくれない、理解してくれって思っているってこと？

じいさん　アタリ～！　結衣ちゃんは「私のことをわかってくれないお母さんが悪い」って思っていて、お母さんも「私のことをわかってくれない結衣が悪い」って思っている。**「あなたが悪い！」って、お互いに言い合っているだけなの。**

結衣　ほんとだ……。まったく気づかなかった。

「相手は自分の鏡」だよ。

結衣　その言葉、聞いたことあります。相手に対する気持ちや態度は、そのまま自分のことだって意味ですよね。

じいさん　結衣ちゃんには、お母さんが文句ばっかり言っているように見えていたんだよね？　でもお母さんから見たら、結衣ちゃんも文句ばっかり言っているように見えていたんだよ。

結衣　……たしかに、文句ばっかり言わないでってよく怒られていました……。

じいさん　結衣ちゃんは、お母さんにただ、そうなんだね～って話を聞いてほしかった。同じように、お母さんも結衣ちゃんにただ話を聞いてほしかったんだよ。

結衣　じゃあ、ピアノのことはどう理解したらいいんですか？

じいさん　お母さんは、「結衣にかわいそうなことをしちゃった」って思っているんだよね？　そして結衣ちゃんは、お母さんがそうやって決めつけてくるところがイヤだって言っていたよね。

結衣　すごくイヤです！　私の気持ちを聞きもしないで勝手に決めつけて。

でも、結衣ちゃんも、
お母さんのことを決めつけているよね？

決めつけて思い込んで、壮大な勘違いがはじまる！

結衣　え？　いつですか？　決めつけてなんかいませんよ！

じいさん　「お母さんに、あんなひどいこと言って傷つけちゃった。かわいそうなことしちゃった」って言ってたよね？

結衣　それは決めつけじゃないです、事実ですよ。だってお母さん、呆然として半泣き状態でしたよ。

じいさん　半泣きだったからって、ホントに傷ついていたかどうかは、わからないよ？

結衣　……半泣きですよ？　明らかに傷ついてますよね？

じいさん　ほら〜、決めつけてるじゃん。

結衣　これは決めつけじゃないですよ！　貴子にだって、「お母さん、絶対に傷ついているから謝りなさい」って言われましたよ。普通、そう思いますよね。

じいさん　じゃあさ〜、**傷ついたかどうか、お母さんに直接、聞いたの？**

結衣　……。

じいさん　結衣ちゃんは、「お母さんは、私の気持ちなんて聞かずに、勝手に決めつける」って腹を立てているけど、結衣ちゃんも、お母さんの気持ちを聞かずに、勝手に決めつけているわけよ。

私、お母さんと同じことしている……!?

じいさん　がははは、そういうことになるね〜。それでね、結衣ちゃんは、お母さんのことを傷つけちゃったって思っているでしょ？　でももし今頃、お母さんはお尻をぽりぽりかきながら、「あ〜、うるさい娘が帰ってせいせいしたわ」って、せんべいでもかじりながらテレビを見ているとしたら？

結衣　……半泣きだったんですよ、そんな軽いノリでいるはずはないと思います……。

いやいや、お母さんの顔が、そう見えただけ。そして泣いたのは、ただ、泣きたかったから。

結衣　いやいやいや、娘にあんなひどいこと言われたら、普通は泣きませんか？

じいさん　お父さんへの不満、結衣ちゃんの心配、近所の人とのあれこれ……いろんなイライラがお母さんの中にたまっていて、もう泣きたい気分だった。そんなときに、いいタイミングで結衣ちゃんが帰ってきてケンカになった。だからここぞとばかりに泣いた。泣けた。需要と供給が見事に一致した〜！　そういう見方もできるよね？

結衣　何それ……。

じいさん　お母さんは、結衣ちゃんに怒られたおかげで、アドレナリンがドバ〜ッと出て、「あぁ、イヤな気分だわ！　なんなのよ、あの子。腹立つわー！」って大興奮！　泣いて超すっきり〜！　ってアトラクションに乗ったぐらいの気分かもしれないよ。

結衣　お母さんは、文句を言ったり言われたりして、泣くのが好きってこと？

じいさん　好きとは思ってないだろうけど、そうやってうっぷんを晴らす方法に馴染《なじ》んでいるっていうのはあるかもしれないね。

結衣　そう言えば、お母さんとおばあちゃんは、あまり折り合いが良くないんです。

じいさん　おばあちゃんって、結衣ちゃんのおばあちゃん？

結衣　そう。お母さんの実の親。別居しているんですけど、おばあちゃんの家に行くたびに、「まったく、おばあちゃんは文句しか言わないんだから……」「おばあちゃんってひどいのよ」って私によくボヤいてました。だから、私はてっきりお母さんは被害者で、かわいそうだなぁって思っていたんです。

じいさん　がはははは。おばあちゃんは、どんな人なの？

結衣　おばあちゃんは、お母さんが何かしてあげたら必ず「ありがとう」って言うような人です。でもお母さんにそのことを言うと、「ありがとうなんて言われたことないわ」って。私が「おばあちゃんはよく言ってるよ」と指摘しても、「本心じゃないわよ」って言うんです。

面白いねえ。結衣ちゃんから見えるおばあちゃん像と、お母さんから見えるおばあちゃん像は、まったく違うんだね。

結衣　そうなんです、まったく違う。お母さんが中学生のとき、オール5の成績表をもらって、大喜びでおばあちゃんに見せたそうです。でも「勉強だけできればいいっ

てもんじゃないのよ！」って怒られたって言うの。いまだにそれを許せないみたいなんですけど、私は信じられなくて、こっそりおばあちゃんに聞いてみたんです。それ本当？　って。

じいさん　そしたら？

結衣　ビックリしてましたよ～。お母さんは勉強できる子だったのよ～って嬉しそうに褒めていました。おばあちゃんは全然ひどい人じゃないの。でもお母さんはそう思っていないってことですよね。

人は自分が思いたいように過去を捏造《ねつぞう》して、壮大な勘違いをしていくんだよ。

結衣　私に言わせると、**お母さんは、おばあちゃんの悪いところをわざわざ探しているみたい**。だって、ちょっとした不機嫌な態度も、お母さんは絶対に見逃さないんだから。またこんなことされた、こんなこと言われたって。

じいさん　そして、やっぱりおばあちゃんはひどい人なのよって？

結衣　そうそう！　やっぱりおばあちゃんはひどい人、やっぱりおばあちゃんはケチな人って、もうアラ探しばっかり～！　なんでそんなことをするんでしょうね？

お母さんは「ない」を前提に
おばあちゃんのことを見ているからだよ。
「ない」!?
愛され「ない」私。

結衣　え～！　そんなこと思う人、いるんですか？

じいさん　いるいる～、たくさんいる～。ここにもいる～。

結衣　私は関係ありませんよ、お母さんの話ですから。

じいさん　はいはい、そうね。**自分はどうせ愛されない存在、人の役に立てない存在、親の期待に応えられない存在、大切にされない存在、迷惑な存在、だから私はダメなんだ……。そういう気持ちを抱えて、お母さんはおばあちゃんを見て生きてきたの。**

結衣　……そんなアラ探し、つらくないですか？　自分で自分をどんどん悲しませているような……。

じいさん　うん、そうだね。でも「愛されない私」という前提を持っている人は「ほら、やっぱり私は愛されてないのね！」って証明するものがほしいわけ。だから、お母さんはおばあちゃんのイヤなところばっかり見て、証拠探しをしてしまうんだね。

結衣　お母さん、かわいそう～！　そんな証拠はいらないのにね～。

「愛されない証拠」を探すから、彼も逃げていく

じいさん　「お母さん問題」は、すごく根が深いんだな〜。

結衣　「お母さん問題」!?

お母さんに愛されなかった、お母さんの役に立てなかったって幻想ね。これが実は、さまざまな問題を引き起こすんだよ。恋愛なんかわかりやすいよね。
ドキ!

じいさん　図星!?　たとえば、彼から連絡がないから浮気してるかも～なんて心配する人とか。

結衣　わかる！　私も彼にＬＩＮＥしても、何時間経っても未読状態。つき合った当初はマメだったのに、３年もつき合うと大切にされなくなるんですかね。

じいさん　仲悪いの？

結衣　いいえ。そこそこ仲良しですよ。

じいさん　じゃあ、いいじゃない。問題なし～。

結衣　問題ありますよ。ＬＩＮＥがこないとか電話が少なくなったとか、そういうちょっとした変化って、のちのち浮気に発展したり取り返しのつかないことになるんだから！

じいさん　でも結衣ちゃんにも、返信したくない気分のときはあるでしょ～。そういうとき、どうしているの？

結衣　返信しますよ！　どんな気分だってＬＩＮＥがきたら返信するのは当たり前です。

じいさん　でもちょっと連絡が遅れただけかもしれないのに、大げさだなぁ。

結衣　大げさじゃありません！　前は映画に行くときは彼がチケットを取ってくれていたし、レストランも予約してくれていました。なのに今は私に全部、丸投げですよ。

じいさん　やれるほうがやればいいじゃない〜。

結衣　そういう問題じゃないですよ、こういうちょっとしたことの積み重ねが……。

じいさん　ね？　結衣ちゃん、お母さんと同じ〜。

結衣　え!?　どこが？

「愛されない私」「大切にされない私」を前提に、彼のことを見ている。

結衣　そんなことはありません。彼から愛されていると思っているし、大切にされていると思っています！

じいさん　でも、「愛されない私」「大切にされない私」を確認するような証拠を集めてない？

結衣　そんなつもりはないですよ。そもそも彼がマメにLINEや電話をしてくれたら、私の不安はなくなります。だから彼の問題なんです。

じいさん　LINEや電話をマメにしてくれないと、どんな気分になる？

結衣　どんなって……。

じいさん　今日もLINEや電話がないと……？

結衣　やっぱり、こなかったって……。

じいさん　それってつまり……？

結衣　**愛されない証拠探しをするお母さんと同じ**……ってこと？

じいさん　だね～。

結衣　なんでなんで!?　仲良くしているのに、どうしてそんなアラ探しみたいなことをしちゃうんですか？

じいさん　「ない」が前提だからだよ。**「愛されない」という前提があるから、「いつか愛されなくなる私」という不安が常につきまとうわけ**。それで今日もやっぱりLINEがこない、やっぱり電話がないって、愛されない証拠探し、アラ探しをしてしまうわけ〜。堂々としていればいいのにね。

結衣　……。

じいさん　歴代の彼氏とは、どういう理由で別れてきたの？

結衣　歴代って2人しかいませんけど……。1人は私が過剰な嫉妬《しっと》をして浮気を疑って……。そんなところからこじれていきました。

じいさん　うまくいっていたのに、「いつか愛されなくなる私」を実現させちゃったんだ。

っていうことは、私は自分から彼との関係をこじらせて、別れてしまったってことですか？

じいさん　そうなっちゃうね〜。

結衣　でも、彼のことが大好きだったからマッサージしてあげたり、食事を作ってあげたり、すっごく頑張ったんですよ〜！　頑張り大賞をあげたいくらい！

じいさん　がははは、**頑張ったから、愛されなくなったんだよ〜。**

結衣　は？

じいさん　結衣ちゃん、なんでそんなに頑張ったんだろうね？

結衣　好きだからに決まっているじゃないですか。

じいさん　好きでも、全然頑張らない人もいるよね？

結衣　そういう友だちもいますけど、その友だちはモテるからです。頑張らなくてもいくらでも男は寄ってきますから。でも私はそんなにモテないし、器用じゃないから大賞をもらえるほど頑張らないとダメなんです。

がははは、逆逆〜。頑張らないからモテるんだよ。

そんな都合のいい話、ありますか？

結衣ちゃんは、彼のことが好きだから頑張ったんじゃないよ。
頑張らないと、好きになってもらえないと思っていたから、
頑張ったんだよ。

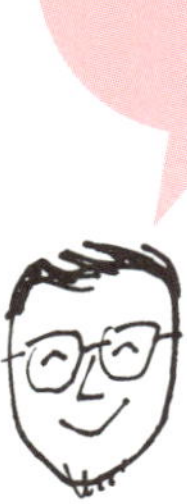

結衣 ……好きだから頑張る人もいるはずです。

じいさん 好きだから頑張る人は無理してないよ～。肩に力が入ってないよ～。
ＬＩＮＥ返すのも気分次第だよ～。当人は頑張っている自覚は、まったくないの。

結衣 ……じゃあ、頑張り大賞の私は、思いっきり無理していたってことですか……。

「頑張らなければ愛されない」を前提にしてるからね。
頑張るぐらいで、やっと彼とつり合いがとれるって
思っていたんだよ。

結衣　え～！　私、かわいそうじゃないですか!?

じいさん　そうだよね～。ＬＩＮＥがこない、電話がこない、チケットを取ってくれない、お店を予約してくれない、やっぱり私は愛されない……。だから彼のために頑張らないと愛されない、彼の役に立たないと愛されないって、いつかどこかで固く信じちゃったんだね～。

結衣　いつ？　どこで？

じいさん　小さいとき。自分の家で。

結衣　見てました？

じいさん　見てないけど。

結衣　適当ですね。

がははは、でも結衣ちゃんが勝手にそう思ったってこと。私が頑張ったら、大好きなお母さんに愛されるって勘違いしたの。

結衣　私が頑張ったのは、彼に対してだけですよ？　お母さんにまで、そんなに頑張りませんよ。子どもなんですから。

じいさん　子どもだから頑張ったんだよ～。小さいとき、お母さんが笑ってくれたら嬉しかったでしょ？

結衣　もちろん。

じいさん　お母さんが笑ってくれなかったとき、結衣ちゃんはどう思った？

結衣　……私、何かやらかしたかなぁ、とか？

じいさん　がははは、いろいろやらかしてそうだよね、結衣ちゃんは。言い方は違うけど、**自分のせいで、お母さんは不機嫌なんだって思ったってこと**。お母さん今日も機嫌が悪いな。私が先生に叱られたせいかな？　今日は悲しそうにしているな。私がテストの成績が悪かったせいかな？　おや、今日は嬉しそうだぞ。あ、さっきお皿を洗ってあげたからだ！　今日はまたプリプリしているな。思い当たることはないけど、きっと私が何か怒らせるようなことしちゃったんだ……。こんな感じで、結衣ちゃんは**お母さんの機嫌のすべてを「自分のせい」だと判断してきたんだよ。**

結衣　あり得る気がします……。

それが罪悪感。
自分は無力でお母さんの期待に応えられず、
お母さんを困らせてしまう存在。
そういう謎の罪を背負ってきたんだよ。

罪悪感……。

じいさん　そのときのお母さんは、お父さんやおばあちゃんとちょっとした衝突があって不機嫌だっただけかもしれないのに、結衣ちゃんは、「私のせいだ」「きっと、私が悪いんだ」って思い込んじゃったの。勘違いしちゃったの。それが、「ない」が前提の人生のはじまりだよ。

結衣　悲しい人生のはじまりですね……。

罪悪感を持っていると、浮気をさせる女になる!?

結衣　じゃあ、彼が浮気しているかもしれないって不安になるのも、勘違い？

じいさん　鋭くなってきたね。そうそう〜。愛されていない証拠を見つけたいから、浮気させてるの。

結衣　浮気させてるって、どういう意味ですか？

じいさん　自分は愛されないって思っているから、彼に浮気をさせるわけだよ。

結衣　そんなおかしな話、ありますかね？

じいさん　コントみたいなんだよ～。彼に自分から浮気させておいて、相手を責めつつ、内心は「やっぱり私は愛されてない」って確認する。しかも、浮気の原因は自分にある、自分が悪いんだって、罪悪感まで持ってるわけ。

結衣　……歴代の彼のもう1人は、彼の浮気が原因で別れました。そのとき思ったんです。私は浮気されるほど魅力がないのかなって。そしてそんな自分を責めてた気がします……。

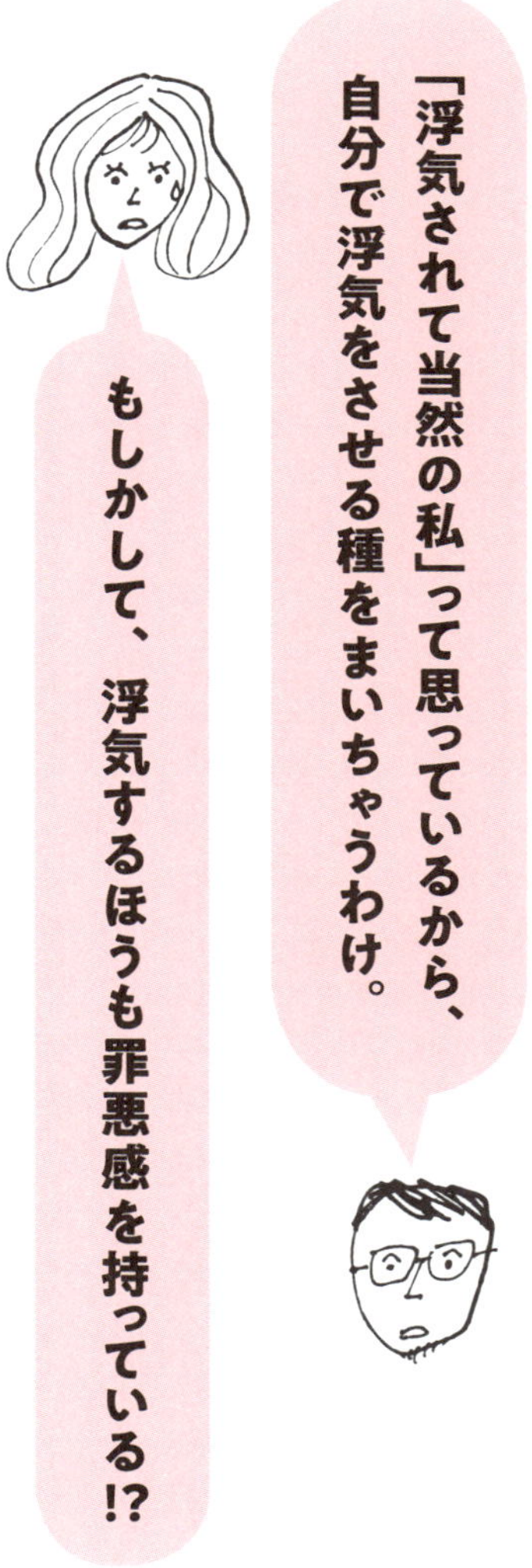
「浮気されて当然の私」って思っているから、自分で浮気をさせる種をまいちゃうわけ。
もしかして、浮気するほうも罪悪感を持っている!?

じいさん　いよいよ鋭くなってきたね～。浮気を繰り返す人には２パターンあって、**ひとつは、単なる浮気性で、恋愛を楽しいと思っている人。罪の意識は微塵《みじん》もなくて、やりたいことを、やりたいようにやっている人。もうひとつは浮気をしながら「苦しい」と思っている人。**「いけないことだ」と思いながらも浮気を繰り返すのは、誰かに「怒ってほしい」「責めてほしい」と思っているからなの。自分の中に罪悪感があるから、罰をほしがるんだよ。

結衣　へー！　彼は浮気しながら「彼女に怒ってほしい」と思っていて、彼女は浮気させておいて「やっぱり私は彼に愛されていなかった」と嘆いているのか……。

じいさん　罪悪感を抱えている人は、罪をおかしたいのよ。世間で言われている「悪いこと」をしたいの。浮気や不倫なんて、その典型だよね。

結衣　そんな罪悪感はいりませんよ～。

じいさん　そうだよね。だから、捨てちゃえばいいんだよ。

結衣　どうやって!?　教えてください！

前提を「ある」にかえるマジックワード。「どうせ、私は愛されてる」

じいさん　今までずーっと、「私のせいで、お母さんが……」って罪悪感を抱えて、「だから愛されない私」って勘違いして、その結果「ない前提」で生きてきたでしょ。

結衣　……はい。

じいさん　それを、ひっくり返しちゃえばいいの。

結衣　ひっくり返す？

「ない」前提を「ある」にかえる。
「愛されない私」を「愛される私」にかえる。

そんな簡単にかえられますか？

じいさん　どっちを信じるかってこと。「愛されない私」を信じるのか、「愛される私」を信じるのか。

結衣　そりゃあ、「愛される私」を信じたいですよ。信じたい、けど……。

じいさん　けど？

結衣　お母さんや彼にあんなことを言われたとか、こんなことをされたっていう思いがよぎると、すぐに「どうせ私は愛されない」「どうせ私はダメなんだ」って思ってしまいそうで……。頭ではわかるけど、「今日から私は愛されてる!!　やったー！」なんて、なかなか思えないなあ……。

じいさん　そうだよね～。「愛されない人生」が長かったからね～。

結衣　残念ながら、相当長いですね……。

じいさん　「愛されない人生」に、どっぷり馴染んでいるよね～。

結衣　残念ながら、どっぷりですね……。

じいさん　その馴染んだ人生は、なかなか捨てられないもんなのよ。だから、**うっかり愛されないように、気がついたら愛されない証拠を探してしまう。**

結衣　そんな話、ありますか？　「愛される私になりたい！」って言っているくせに、内心は、「愛されてたまるか」「愛されたら困る」って思っているってことでしょう!?

じいさん　**すぐに愛されちゃったら、今までの人生がムダになっちゃう気がするわけ。**人は変化を怖がるの。たとえそれがどんなに素晴らしい変化だったとしても、馴染みの人生にしがみついていたいんだよ〜。

結衣　でもでも、私は「愛される私」を信じて生きたいです！

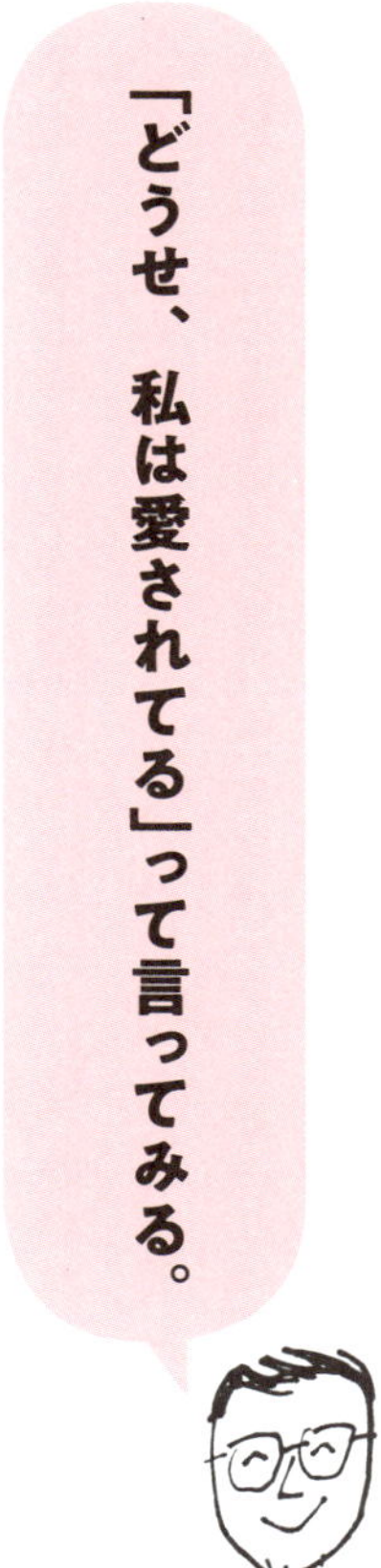

結衣　「どうせ」をつけるなら、「どうせ、私は愛されない」……じゃないですか？

じいさん　文法上はね。でも、結衣ちゃんは、「どうせ、愛されない」って、今までずっと自分を否定して生きてきたでしょ。それに馴染んでいるでしょ。それをいきなり、「愛されてる」とは思えないわけ。だから「どうせ」をつけて言ってみるわけ。

結衣　なるほど……。

じいさん　「どうせ、私は〇〇だから」って、卑屈《ひくつ》に思うことあるでしょう？

結衣　たくさんありますよ。「どうせ、お母さんは妹のほうがかわいいんだよね」とか、「どうせ、彼は私より男友だちと遊ぶ時間のほうが大事だよね」とか。

じいさん　そのログセを、逆手にとればいいんだよ。

結衣　……？

じいさん　「どうせ、私は愛されてる」って言ってみて。

結衣　……どうせ、私は愛されてる。

じいさん　どう思った？

結衣　「どうせ」をつけると、言いやすくなるかな。全然、抵抗がないです。

じいさん　ふだん言い慣れてるからね～。

結衣　でも、言うだけで人はかわるんですか？

じいさん　言霊《ことだま》ってあるでしょう？

結衣　言葉通りの現実をつくるっていうこと？

じいさん　そうそう。これを名づけて「どうせ」と「やっぱりの法則」！

結衣　安直なネーミング……。

今まで「どうせ私なんか」っていうのがログセだったから、
「やっぱり」っていう証拠を集めて現実をつくってきたわけ。
だから今度は、「自分は愛されてる」ってことにしちゃうの。
そうすると「やっぱり愛されていた」という証拠が集まってくる。

結衣　そうなんだ～！　愛されてる証拠、集めたいなぁ！

じいさん　そうでしょ～。「あれ？　ホントに愛されてるかも……!?」って勘違いがはじまると、どんどん、そういう出来事が起きてくるんだよ。でも、見逃さないようにね。愛を見慣れていないから、なかなか気づけない。

結衣　愛を見慣れていないって、すごく不幸な話ですね……。

じいさん　がははははは。たとえばね、誰かに親切にされたり、助けられたり、誘われたり、小銭を拾ったり、そういう小さなラッキーがあったとき、「これは、たまたまだ」って思っちゃう。つまり、「私にそんなラッキーなことがあるはずない」「私が親切にされるわけがない」ってスルーしちゃう。

結衣　たしかに慣れていないと見逃しそうですね。焦らず、腐らず、地道にコツコツ！「どうせ、私は愛されてる」。今日から、ぶつぶつつぶやいてみます！

じいさん　くれぐれも、「愛されてると思わないとダメ」とか思わないでね。真面目な人は、すぐ頑張るから。

結衣　あぁ、そうですね！　ゲーム感覚でやってみます。

「頑張れば、報われる」って信じて生きてきた人にとっては、頑張らないって難しいよね。でも、頑張らない人じゃないと、神様も助けられないんだよ。

結衣　神様!?

じいさん　うん。神様とかお坊さんとか。

結衣　お坊さん？

じいさん　親鸞《しんらん》さんとか。

結衣　親鸞さん？　親鸞と「頑張らない」ってことが、関係あるんですか？

じいさん　じゃあ、ちょっと親鸞さんの話をしようかな。

もっとラクに！　もっと自由に！
ワクワク輝いて生きるために大事なこと

第3章まとめ

★相手は、あなたの鏡。「私を理解して」と思うなら、相手もそう思っているということ

★「お母さんの気持ち」を、決めつけていない？

★「愛されない」「理解されない」「認められない」など「ない」を前提にしていない？

★自分の中にある「お母さん問題」は、恋愛にも影響している

★自分の前提を「ない」から「ある」にかえる

★「どうせ、私は愛されてる」とつぶやいてみる

第4章

「お母さん、ありがとう！」って心から言える私になる！

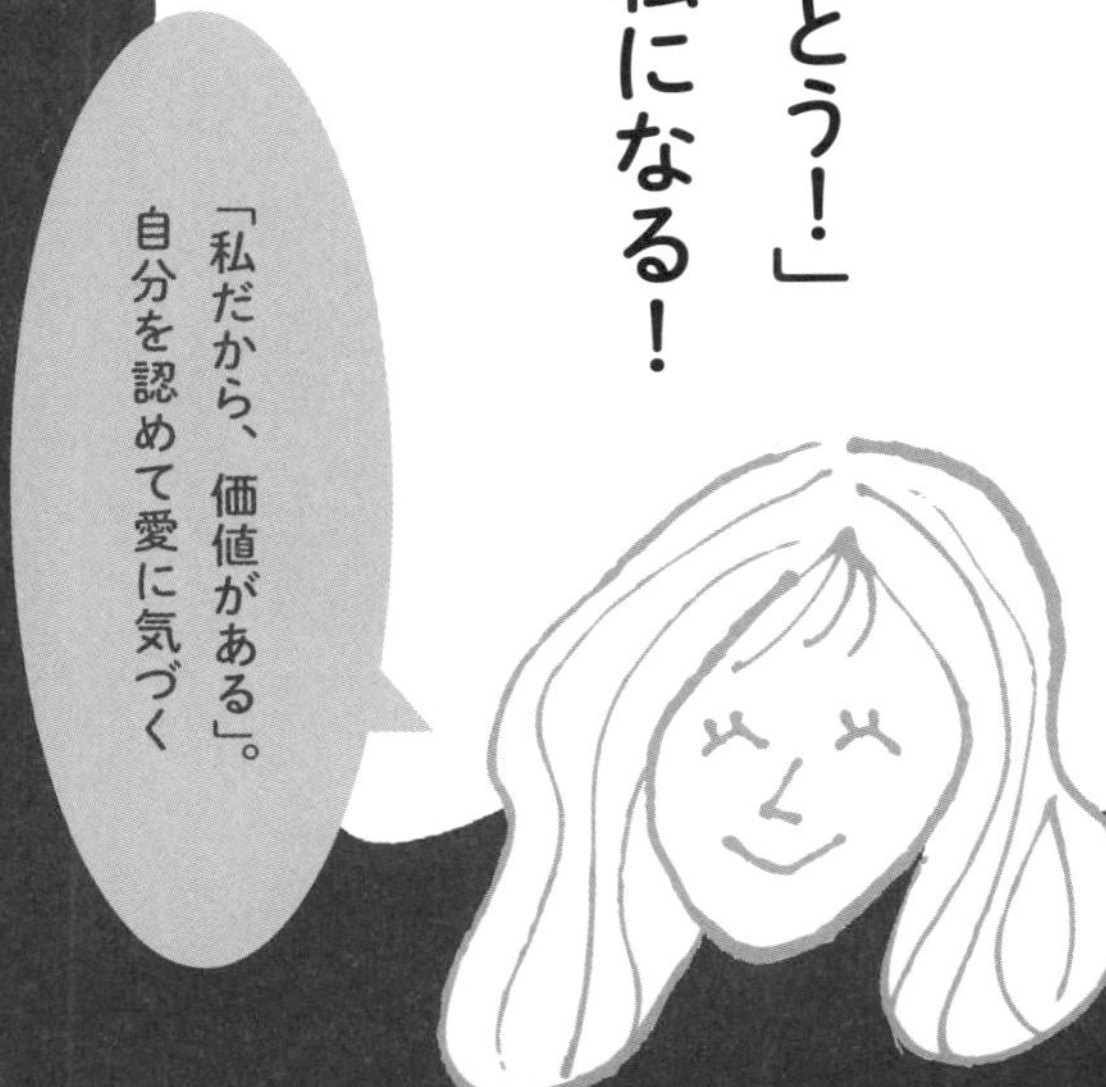
「私だから、価値がある」。
自分を認めて愛に気づく

悪人ほど救われる！

さかのぼること鎌倉時代。

親鸞というお坊さんは、浄土真宗を開いて、**「悪人ほど救われる」**と説きました。

悪人って、悪い人？

まぁ、そうです。悪事を働く人というより……できない人、バカモノ、「あの人、ダメだね～」って言われるような人。

そういう人こそ救われると親鸞は説きました。

なんで？　って思うよね？

善人から救われるべきじゃないの？　って。

そこが、親鸞さんの面白いところ。

どうしてこういう教えに至ったかというと、親鸞さん自身が、〝悪人〟だったから。

幼くして出家し、叡山《えいざん》（比叡山延暦寺）にこもって20年間ぐらいずーっと修行していた親鸞さんですが、修行しても修行しても修行しても、女の人は好きだし、自分の中にある醜《みにく》さは消えない……。

アカ～ン！　もう、無理や――。

……と言ったかどうかはさておき、親鸞さんは29歳を過ぎて山を出て、町に戻って考えました。

自分のような人間は、宗教では救ってもらえないのか？

ちゃんと修行して、自己研鑽《けんさん》できる善人しか、救ってもらえないのか？

でも、それって、おかしくないか？

宗教の本質は、みんなが平等に救われることじゃないのか？


そこで親鸞さんがたどりついたのが、浄土の教えでした。阿弥陀《あみだ》さんが、どんな人も平等に救ってくれるという教えです。

阿弥陀さんは、その昔、人間でしたが、「すべての人を救いたい」という本願を持って、必死で修行して仏様になりました。

親鸞の浄土真宗の面白さは、「南無阿弥陀仏《なむあみだぶつ》」と唱える必要さえもないこと。

これが、浄土宗との違いです。

親鸞の浄土真宗は、「南無阿弥陀仏」と念仏を唱えようと思ったときには、すでに救われているという教えなのです。

阿弥陀さんの「人を救いたい！」という本願を信じることで往生できる、「絶対他力」という考え方です。

え？　何それ？

何もする必要がないってこと？

ビンゴ！　そうです。

念仏は唱えたっていいけど、唱えなくてもいい。何もする必要はない。

ただし、ひとつだけすることがある。

「救ってほしい」と思うこと。

救ってほしいと思わないと、救ってもらえません。

「もうアカ～ン。私はお金もないし、あってもすぐ使っちゃうし、男の人が大好きだし、仕事もミスばっかりするし、わがままだし、イヤなことがあったらすぐ顔に出るから友だちとケンカしちゃう。何もできないダメな私！　こんな私だけど助けて～！」

阿弥陀さんにとっては、こんな人がいちばん救いやすいということ。そういう人に対しては、「よしよし。私を頼ってすべてを委ねてくれるなんて、可愛い子じゃ。すぐ救っちゃうよ」。

つまり、ダメな人ほど救われるのです。

「善人なんていない」っていうのが、浄土真宗の思想。どんなに善人と言われる人でも、煩悩《ぼんのう》がまったくない人はいない。つまりみんな悪人だって考え方。

阿弥陀さんは、善人だって、救いたいんです。善人も悪人も、みんな救いたい。だけど、善人は阿弥陀さんが「よしよし。次は、お前を救おう」と言っても、「いや、私、自分で頑張りますから」と拒否する。

「いやいや。救わせてちょうだいよ」と言っても、「いえいえ。自分でなんとかやってみます」と言う。

「え!?　救わせてよ」

「いえいえ。自分で頑張ります」

「遠慮しなくていいんだよ……」

「私は大丈夫ですから！」

「え……」

「自力で精一杯、とことん頑張りますから‼」

「そうスか……」

というわけ。

自力でどうにかしようと頑張る人は、助けたくても、助けられない。

他力の入るすき間がないのです。

助けて！　って言える人じゃないと、誰も救えないのです。

なぜ頑張る人は報われないの？

結衣　すごく面白い！

じいさん　親鸞さんは、お坊さんではじめて奥さんをめとった人と言われているんだよ。何かの本で読んだだけだけど。

結衣　こんな話を聞くと、自力でどうにかしようとする善人って、頑固ですね〜。

じいさん　自力でどうにかしようと思うのは、阿弥陀さんの力を信じていないってことだからね。

「我慢は、美徳」「努力は、裏切らない」って言いますけどね。

それが素晴らしいって言っているのが、常識ね。でも、頑張る人は、報われない。

結衣　「努力は、裏切らない」って、貴子の口グセです。

じいさん　あぁ、結衣ちゃんの会社の同僚ね。

結衣　貴子は何でも自分で解決してやり通そうとしますから。できなかったらそれ以上に頑張って努力します。貴子を見ていると私はダメだなぁって思ってしまうけど、彼女は阿弥陀さんには救ってもらえないってことか。

じいさん　そこまで頑張っちゃうと、救いにくいよね～。「頑張るから、報われる」わけじゃない。そんなことはみんなわかっているはずなんだよ。頑張ってみんなが報われるなら、みんな金メダルをとれるよね。そんな経験はたくさんあるでしょ？

結衣　たくさんありますよ！　受験勉強も仕事もそうだし、恋愛なんてまさにそう！

ダメだった原因を全部「頑張りが足りないせい」にしちゃう。うまくできた原因も全部「頑張ったから」にしちゃう。そしていつの間にか〝頑張る教〟の信者になっているんだな。

結衣　頑張らなければ給料が上がらない、頑張らなければ友だちに嫌われる……。

じいさん　そうそう。頑張らなければ認められない、頑張らなければ愛されない。**そうやってさらに頑張って、〝頑張るに逃げる〟んだよ。**

結衣　貴子を見ていると、たしかにちょっとしんどそう。何でも自分で引き受けて、みんなの期待に応えようと頑張って……。いろんなことをたくさん抱えているのに、弱音を吐いたり、人に頼ったりしないんです。

じいさん　それって、結衣ちゃんも同じだよね？

結衣　私はそんなにモーレツ社員じゃありませんよ。

じいさん　違う違う、頑張らないと認められないっていう根っこは同じ。

結衣　……「お母さん問題」は、たしかに相当、根深そうですね……。

じいさん　**自分でどうにかしようと頑張って努力し続ける人は、他人を信じない傲慢《ごうまん》な人とも言えるんだよ。**

結衣　貴子は仕事を人に任せたりしません。でも、そこまで自分を信じられるなんて強いなぁって思うこともありますよ。

ちょっと違うなぁ。
自分で生きている人は、自分のことも信じてないの。

結衣　そうなんですか？

じいさん　だって、自分は頑張って頑張って、努力しなければ認められないと思っているんだから。ありのままの自分を信じることができないってことでしょう？

結衣　ありのままの自分？

じいさん　うん。頑張らなくても、努力しなくても、何もしなくても、愛されるし、認められて受け入れてもらえる自分ってこと。**頑張るってことは、つまり「私は、価値がない」と信じているってことだよね。**だから頑張ってどんどん足し算をしていく。

結衣　「ない」が前提ということですね。

じいさん　そう。**「私は、価値がない」と思っているから、頑張る。**

結衣　「私の価値」と、「頑張る」ことは、関係ないってことか！

「頑張る私」に価値があるわけじゃない。「私だから、価値がある」。これが、最強。

でも、私にそもそもそんなに価値があるかなぁ。

そのままのあなたに、価値はありますか？

じいさん　結衣ちゃんに、ひとつ質問します。結衣ちゃんがまったく働かず、社会の役にも立てず、何の成果もあげず、寝てばかりで人に迷惑をかけている状態だとしたら、結衣ちゃんが月にもらえるお金はいくらですか？

結衣　……0円。いや、マイナス10万円……。

じいさん　じゃあ、結衣ちゃんは、「一生懸命働いて、成果をあげなければお金をもらえない」っていう前提で生きているということ。

結衣　待ってくださいよ、寝ているだけでお金がもらえるなんて、あり得ません！

じいさん　この質問はね、存在給がどれだけあるかって質問。

結衣　存在給？

じいさん　そう。**あなたは「自分が存在している価値」を、どれだけ認めていますか？ってこと。**

結衣　私、0円、いやいやマイナスってこと？　価値がないってことじゃないですか！

じいさん　面白いでしょ。

結衣　面白くないですよ。

僕らが社会からもらえるお金は、「存在給＋歩合給」なんだよ。存在給は、自分が存在している価値。歩合給は、働いた対価としてもらえるお金。

結衣　存在給が0円の私は、歩合給分しかお金はもらえないのか……。ってことは、

１００万円ほしかったら、汗水たらして１００万円分の仕事をしなければもらえないってことですね。というか、マイナスの私はお金を払わなきゃいけないってこと⁉

じいさん　そう。でも逆に、存在給が１００万円の人は、働かなくても１００万円もらえるってこと。

結衣　そんなこと、あり得ます？

じいさん　赤ちゃんを見てよ。赤ちゃんは何もできないけど、愛されてるよね〜。何もしなくてもおっぱいをもらって、おむつをかえてもらって、泣きたいときに泣いて、眠くなったらねんねして、好き勝手やっているよね〜。

結衣　ベビーカーとかおもちゃとか、いろんなものも買ってもらっている。

じいさん　存在しているだけで、価値があるって、こういうこと。赤ちゃんは存在給、めちゃ高いんだよ。でも、大人も一緒。たとえば病人や年老いて寝たきりの人だっているよね？　彼らに価値がないわけじゃないでしょ？

結衣　たしかにうちのおばあちゃんは、今ほとんど寝たきりで、みんなにお世話してもらってますけど、いてくれるだけで嬉しいです。

「私だから、価値がある」って、どこまで信じられるかってこと。本来、どんな人も存在給は高いんだから。

結衣　自分にダメ出しばかりして、「ない」を前提に生きている私みたいな人は、存在給がどんどん下がって、ついには０円、マイナスになっちゃうんですね！　存在給を上げる方法はないんですか!?

じいさん　簡単簡単、歩合給を減らせばいいの。**頑張らない、我慢しない、イヤなことはやめる。そうすると、存在給は上がるよ〜。**

うわあ！　イヤな仕事はやめていいってこと!?　たしかに歩合給はなくなるけど、それで存在給が上がらなければ、もう生きられませんよ〜！

怖いよね～。でも、存在給を低く見積もっているってことは、自分の価値をナメすぎているんだよ。

結衣　でも現実的に考えたら、私は赤ちゃんでも病人でも老人でもありません。私がいきなり仕事をやめたり、イヤだからって仕事の手を抜いたりしたら、そのしわ寄せが誰かにいって、人に迷惑をかけることになります。それは社会人として無責任じゃないですか？

迷惑をかけることが、大事なの。頑張らないってことは、人に手間ヒマかけさせる、迷惑かける、助けてもらうってことだから。

結衣　……。

じいさん　親鸞を思い出して～。「私は何もできないんです。助けてください」って言える人が救われるって言っていたでしょ。

結衣　会社の後輩に〝バカモノ〟がいるんです。みんなが残業してめちゃくちゃ忙しいときでも、さっさと帰っちゃう。その理由がなんとデートですよ!?　しかも仕事も中途半端だから、誰かがそれを肩がわりするんです。まさに頑張らずに、人に迷惑かけて手間ヒマかけさせています。でもそれ、ただのバカモノじゃないですか？

じいさん　バカモノほど救われる。

結衣　……彼こそが〝他力人間〟ってこと!?

じいさん　そうだよ～。阿弥陀さんが、真っ先に救ってくれるタイプ。

結衣　正直、ちょっと理不尽だわ……！

じいさん　**自力で頑張る人からすれば、他力な人は、好き勝手やっているように見えるもんね。**

結衣　本当に彼は好き勝手やってますよ！　まったく悪びれずにちょいちょい休みます。何してたのか聞くと、「映画行って、評判のレストラン行って、楽しかった～！」って。そんなの土日にすればいいじゃないですか。私は会社を休むなんて、よっぽどの理由があるときだけですよ。

じいさん　その後輩は、他力の素晴らしいお手本だね。

結衣　でもその後輩の実家は、すごいお金持ち。お坊ちゃんなんです。だから適当に仕事して、クビになってもお金はあるからいいやって思ってるんですよ〜、腹が立つ！

腹が立つこと、大嫌いなこと、許せないことは、
本当は自分がやりたいことかもよ？
会社を休んで映画に行って、残業もしないで適当に仕事して、
それでもお金をもらって遊んでいること……。

そんなの無理に決まってます！　わざわざ人に迷惑を
かけることをやりたい人なんて、いませんよ！

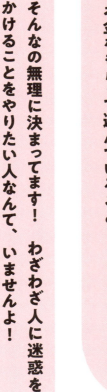

じいさん　そうかな～。本当は私も休みたい、でもできない、怖くて言えない、私はそんなことは許してもらえない～って思っているだけじゃない？　だからそれをあっさりとやっている人を見ると、ずるい～って腹が立つ～。

結衣　会社員なのに、仕事したくないとか、残業できませんなんて言ってたら、どうなると思いますか？　クビですよ。

じいさん　でも、後輩はクビになっていないよね？

結衣　まぁ、彼の場合はキャラのおかげですよ。ゆるキャラっぽい性格というか……。

じいさん　がははは、キャラじゃなくて、存在給が高いから。彼には「どんな自分でも大丈夫」っていう前提があるから、彼のためにあれこれやってくれる人が周りにいるわけ。

結衣　それじゃあ、私は存在給の高い後輩のために働いている下僕《げぼく》みたいじゃないですか！

それが適材適所ってこと。
誰かがやらないことは、誰かがするようになる。
この人の不得意は、あの人の得意。
イヤなら、それはやらなくてもいいこと、なの。

結衣　え～!!　ホントかなあ。でもクレーム担当になった人は悲惨ですよ。

じいさん　それさえも、好きな人がいるんだから大丈夫～。もし、だ～れもやりたくないことがあったら、それは、そもそも社会に必要のないことなの。世の中の秩序はぜーんぶこうして成り立っているんだから。

結衣　たしかに、みんなのランチをまとめて注文する「お弁当係」があったんですけど、みんなが係をイヤがっていたら、いつの間にかなくなりました。

じいさん　**頑張らないと、自分も周りの人も、全部うまく回りはじめるの。みんな**

がラクに生きられるんだよ。でも大事なのは、それだけじゃない。頑張らないことで、とても大切なことに気づくんだよ。

結衣　大切なこと？

じいさん　そう。**本当の「ありがとう」の気持ちがわいてくる。**

お母さんに感謝しなくてもいい理由

結衣　「ありがとう」って感謝の気持ちに、本当とかウソとかあるんですか？

じいさん　**感謝には「Do感謝」と「Be感謝」があるんだよ。Do感謝は、「する感謝」。**あれあれ〜！　結衣ちゃん、スマホ、買いかえたんだね！　可愛いじゃない、似合ってるね～。

結衣　え？　あ、ありがとうございます。ほら画面がガビガビに割れたから……。

じいさん　それそれ！　その「ありがとう」がDo感謝。

結衣　は？

じいさん　簡単に言うと、ありがとうって言ったほうがいいとか、言わなければと思って言う感謝のこと。落としたものを拾ってくれてありがとう、それを取ってくれてありがとう……ってつい口から出てくる感謝。

結衣　心がこもっていない感じ？

じいさん　う～ん、普通は言うでしょ？　っていう感謝。これにもいろいろあって、今みたいにコミュニケーションの潤滑油になるものもあれば、感謝していればいいことがあるから言うっていう打算的な感謝もあるんだよ。「取引感謝」だね。

結衣　じゃあBe感謝は？

じいさん　**「ある感謝」。感謝せずにはいられない！　という心からわいてくる感謝。**

結衣　お誕生日にほしかったものをもらったときとか！

じいさん　うん……そうかな？

結衣　限定のランチに並んでいて、前の人がキャンセルしてくれたから、やっと入れたときとか！

じいさん　うん……そうなの……かな？

結衣　一生に1回、あるかないかの臨時ボーナスが出たときとか！

僕が言いたいBe感謝はね、人に迷惑をかけたとき、助けてと言ったとき、自力ではどうしようもなくなったときに、許してくれたり、助けてもらったときにわいてくる感謝。「ありがとう」じゃなくて「ありがたいなぁ」って気持ちが、ドバ～ッとあふれてくる！

結衣　そう言えばさっき言ったバカモノの後輩、私が泣きそうなほど大変なときに手伝ってくれたことがあります。そのとき、バカモノだってことを忘れて、ドバ～ッと感謝したことがありました。

じいさん　そうそう、それそれ！

結衣　でもじいさんは、お母さんに感謝しなくていいって、ずーっと言っていましたよね？　親に感謝する必要はまったくない！「ありがとう」なんていちいち思わなくてもいいって。

じいさん　お母さんに対する結衣ちゃんの感謝は、Be感謝とDo感謝、どっち？

結衣　お母さんに感謝するのは当然ですって言ってました……よね……？

じいさん　ドバ～ッと感謝があふれ出て……。

結衣　ないですね……。

じいさん　がははは、そんな口先だけの感謝はする必要がないってこと。常識や約束事で「言わされている感謝」なんだから。

結衣　私、心からお母さんに感謝していないってこと？

Do感謝はね、自分のことしか考えていないの。自分をわかってほしい、嫌われたくない、認められたいって。そのために何が「正しいか」ってことばかり考えてるんだよ。感謝する「べき」みたいに。

結衣　私、お母さんにもっと自分を理解してほしい、わかってほしいって思ってばかりだった……。だから常識を持ち出して「年末くらいは実家に帰らなければ」って思っていたんだ……。

じいさん　そうだね。**でもBe感謝ができるようになると、相手のことをちゃんと認められるようになるの。そうすると、相手を許すこともできるんだよ。**

結衣　私、お母さんにBe感謝ができるようになるのかな。

じいさん　大丈夫だよ～。そのためにも実家に帰らなければいいの。常識にしばられて、親孝行しなくちゃ、実家に帰らなくちゃなんて思わなくていいの。親に迷惑をかけて、甘えて、結衣ちゃんが好きなようにすればいいの。

結衣　なんだか怖いなぁ。

じいさん　怖いよね～。ずーっと避けてきたもんね。でもやってみると、自分がそうやって好き勝手して、迷惑をかけても相手から許してもらえるという体験ができるんだよ。そして……。

結衣　感謝がドバ～ッと!?

じいさん　そう！　Ｂe感謝があふれてくる。

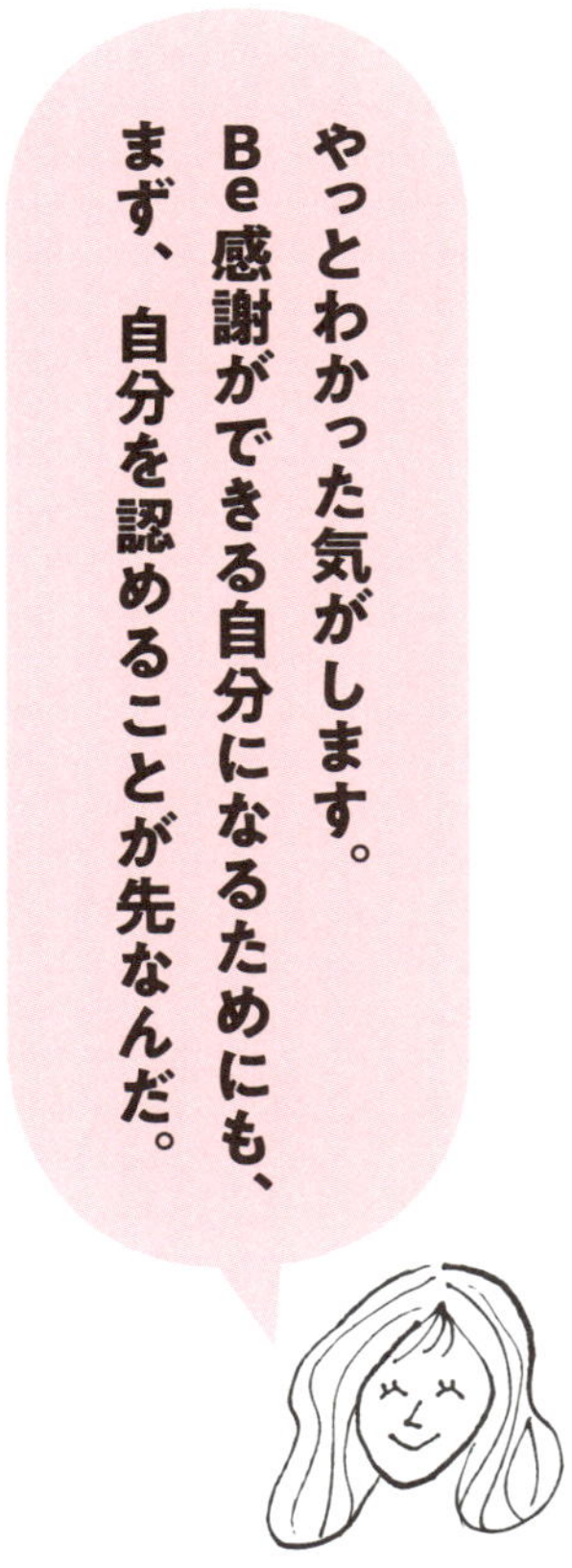
やっとわかった気がします。
Be感謝ができる自分になるためにも、
まず、自分を認めることが先なんだ。

そうそう。
条件なしで「自分は価値がある」って思えるようになること。

結衣　条件？

じいさん　何かができたときだけの価値じゃなくて、人に嫌われても自分は価値がある。迷惑をかけても仕事ができなくても、自分は価値がある。ちゃんと許され、助けられ、そして認めてもらえる。何があっても自分は自分だから価値があるってね。

結衣　気分爽快になりますね！

何かができても、できなくても、誰かに認められても、
認められなくても、どんなにダメでも、
「価値がある自分」はかわらない！
そういう自分だってことにしちゃえばいいの。

根拠のない自信！

そう！　折れない自信、条件のない自信こそが、最強！

結衣　すごく自由になって心が軽くなった気分～！　重い荷物をたくさん抱えていたんですねぇ。

じいさん　そう。**常識や人の意見に振り回されている人生って、ものすごく不自由に生きているってことなんだよね。**

結衣　なんかスッキリしたから、今日はこれからどこかに出かけようかな。

じいさん　いいねぇ～！　僕ももう1曲、歌いに行こうかな～。

結衣　じいさんは、好きなことをして生きていますよね。

じいさん　**好きなことだけして、生きているの。**がははは。

もっとラクに！　もっと自由に！
ワクワク輝いて生きるために大事なこと

第４章まとめ

★頑張って「自力」でなんとかしようとすることは、
神様も他人も自分も信じていないということ

★「私だから、価値がある」ことを知るために、頑張るのをやめる

★人は本来、みんな「存在給」が高い

★腹が立つ人、イライラする人は、
自分がやりたくてもできないことをやっている人

★「Do感謝」は「しよう」と思ってする感謝、
「Be感謝」は心からあふれ出る感謝

★条件なしで自分の価値を認められるようになると、
お母さんのことも他人のことも認められる

第5章

好きなことをして生きる、最強の人生！

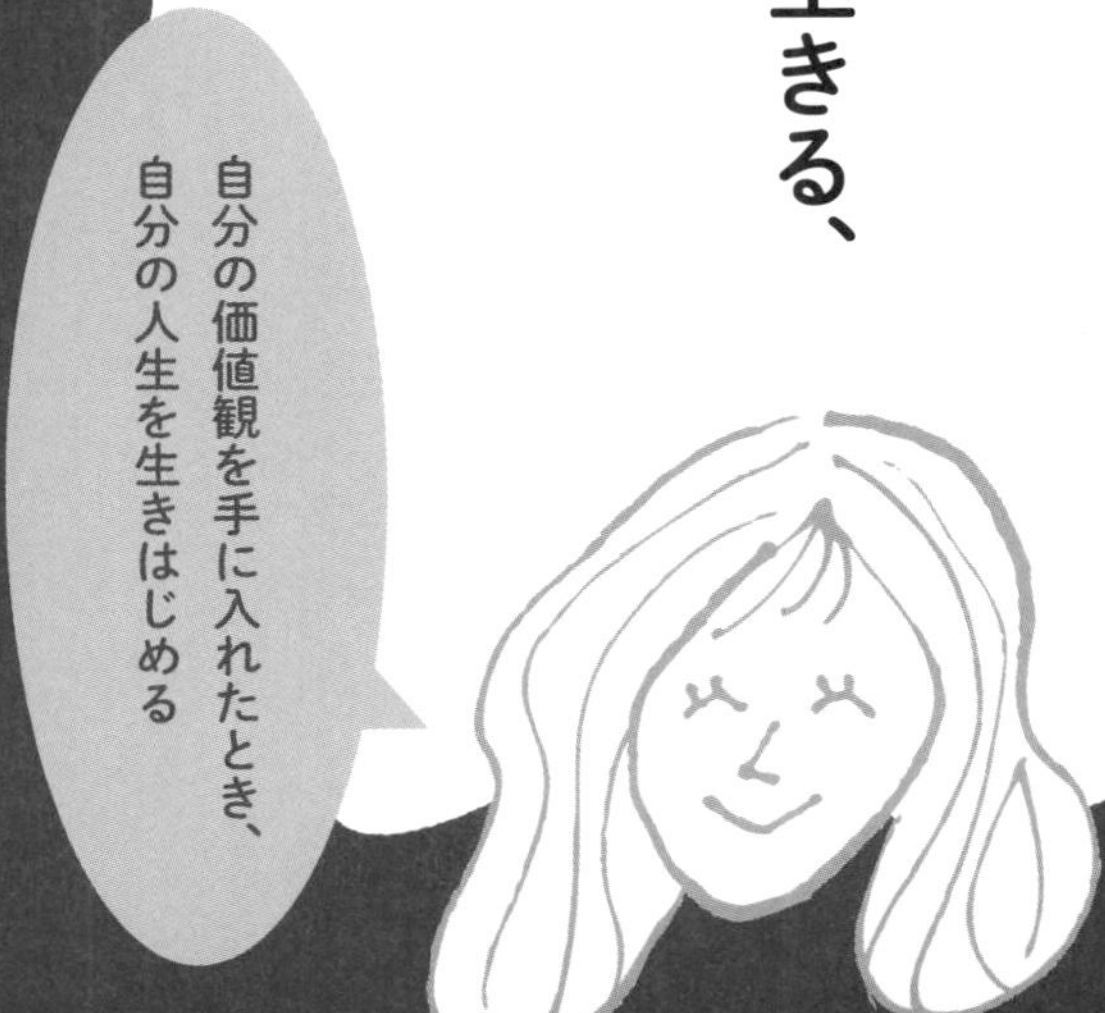
自分の価値観を手に入れたとき、
自分の人生を生きはじめる

あなたの「好き」は何ですか？

好きなことだけして、生きていく。

なんてステキな響き！　ワクワクするし、テンションも上がる！

……でも、ちょっと待って。

好きなこと――。

私が好きなことって、何だっけ？

小さい頃は、歌が好きだった。人前で歌うのが嬉しかったし、学校の行き帰りはいつも歌を口ずさんでいたっけ。

「将来の夢は、歌手になること」

小学校の卒業文集にもそう書いたはず。

だけど……。

ある日、お母さんに「歌手になりたい」って言ったら、「夢みたいな話ね。そんなのひと握りの特別な人しかなれないのよ」って笑われたんだ。

私が「なりたい」って言っているのに、「なれない」っておかしくない!?

そのときはそんなふうに思っていたけれど、大人になるにつれて、お母さんの言葉は、じわじわと実感をともなって私に迫ってきた。

そしてやがて、「歌が好き」なだけでは、歌手にはなれないことを悟り、あきらめて、私は自分の限界を決めたんだ。今ではそんな夢を持っていたことも忘れていたよ。

今は、何が好き?

好きな仕事をして、大好きな彼もいる。

でも、趣味はない……。

私が好きなこと、ワクワクすることって何だろう？

日差しもぽかぽかと暖かくなり、桜もそろそろ咲きそうな春の日。私はまたスタバに行きました。じいさんは、もうすっかり私の相談相手。まるでカウンセラーです。

「今日は日頃の感謝を込めて、ラテをご馳走しよう！」

そう思いながらお店に入ると……いたいた！　すぐに発見。だってじいさんはいつもテーブルの上にボッテガ・ヴェネタのバッグをどーんと置いているので、やたらと目立つのです。今日のジャケットはアルマーニ？　そして靴は……ジミーチュウ！

はいはい。

私はじいさんの分のラテと、私の分のソイラテを持って、じいさんの隣の席に座りました。

好きなことをする覚悟

結衣　こんにちは！　じいさんにラテをプレゼント。もう1杯、どうぞ。
じいさん　おぉ〜！　結衣ちゃん、ありがとう。そろそろくるかと思ってたよ。ご馳走してくれるなんて嬉しいねぇ。
結衣　じいさん、いつもラテでしょう？　もう飲んでいるだろうなと思ったけど。
じいさん　大好きだから3杯くらいは大丈夫。
結衣　たくさん飲んだら太りますよ〜。今日はね、私の「好き」を教えてほしいの。
じいさん　何やねん、それ。
結衣　「好きなことだけして生きている」ってじいさんの言葉が引っかかっていて……。私には「これだ〜！」って没頭できるようなものが、ないんです。じいさんにとっての歌のように打ち込めるものが、私にはないなぁって。

じいさん　歌もそうだし……これも、ね。

結衣　ラテ？

じいさん　そうそう。ラテの泡なしが好き～。

結衣　いえ、そういう小さいことを言ってるんじゃなくて、人生をかけられるような壮大な好きなもののことですよ……。

じいさん　「好き」に大きいも小さいもないよ～。

結衣　それはそうですけど……。でも「好きなことだけして生きる」って、まさか好きなラテを飲んで生きるってことではないですよね!?

じいさん　がははは。でもまぁそういうこと。好きな席に座るとか、好きな靴を履くとか、自分の身の回りをテンションが上がるものだらけにしていくことでもあるわけさ。結衣ちゃんは犬とネコだったら、どっちが好き？

結衣　ネコ。

じいさん　アメリカとフランス、どっちが好き？

結衣　フランス！　なぜか好きで10回近くは行っています。

じいさん　じゃあ、一生お金に困らないとしたら、ホントは何をやりたい？

結衣　世界中を旅したい！　いいホテルに泊まって、飛行機もビジネスクラスで。

じいさん　……お金に困らなくても、ファーストクラスじゃないんだね……。

結衣　貧乏性ってことですかね……。

がははは。自分を認めて誰の影響も受けなくなれば、好きなことを、好きなようにすることができるようになるの。

結衣　たとえば、ビビッドカラーの洋服を着たり、ヘアスタイルをベリーショートにしてみたり!?　そういう冒険はしたいと思いましたけど……。

じいさん　人目を気にして、できなかった？

いい歳してとか、趣味が悪いとか、
いろいろ言われたり、笑われることを想像すると、
ビビッてあきらめちゃう。

好きなことって、隠れちゃうことが多いからね。

結衣　隠れる？

じいさん　そう。私には無理、そんなことをしたら笑われる、バカにされる、お金がないからできるはずがない、夢だけで生きていけるはずがない、ラテを飲んでばかりいたら太る……。

結衣　あ！　すみません、私、言いましたよね。

じいさん　ね？　こうやって自分や他人から自分の「好き」を打ち消されていくうち

に、好きなことが隠れちゃうんだよ。

結衣　なるほど、たしかに……。

じいさん　**自分の本心を隠して見ないフリをしていると、どんなに自分の価値を認めていても、自分らしい人生を生きているとは言えないよね？**

結衣　でも実際問題として、いきなり私が会社をやめて歌手になりますって言ったら、周りからどう言われると思いますか？「食べていけないよ」「才能あるの？」「今さら無理無理！」「完全に道を踏みはずしたよ」……。お母さんは、頭がおかしくなったって本気で心配するかも。

好きなことをするには、覚悟がいるよね。人から嫌われるとか、非難されるとか、バカにされるとか、ねたまれるとか。そういう怖さを勇気を出して、全部引き受ける覚悟がいるんだよ。

結衣　そんな覚悟、持てますかね？

じいさん　それができないから、周りの人の声を持ってきて、自分を止めちゃう。「あの人はこう言っていた」とか「みんな反対していた」とかね。でもよく考えたら、なんで人の意見を採用しないといけないのかって話。とくに〝そうじゃない人〟の意見を聞くなんてナンセンス！　会社をやめたことがない人に、会社をやめる相談をしても仕方ないし、サラリーマンに歌手になる方法を相談してもムダでしょ。

結衣　そうですけど、自分に自信がないと、人の意見を信じちゃうってよくわかりますよ……。

じいさん　**だから、自分をとことん信じることが大事なんだよ。自分は何をやっても、そのままで十分、価値がある！　だから大丈夫！　って思えるかどうかってこと。**

結衣　そう思えたら、成功したりビッグになれるもんですかね……。

成功してうまくいく自分だけを信じるんじゃないんだよ。

うまくいかなくて、ダメ出しされて、バカにされて笑われて叩かれて、いっぱいイヤな思いをして……。それでも大丈夫！　成功しなくても大丈夫！　って思えるかどうか。

じいさんも、いろいろ大変だったんですね……。

じいさん　がははは。ダメなときの自分も信じるってこと。だっていくら好きなことをしていたって、イヤなことは起きるもんだから。

結衣　でもそんなすごい自信と覚悟を持ってまでしたいと思えること、見つけられるものですか？

隠れていた自分の本心を、
少しずつ出していけばいいの。

好きなことをして生きる。それが最強の人生

じいさん　結衣ちゃんは洋服を買うとき、バーゲンセールまで待つタイプ？

結衣　もちろん！　だって同じ洋服が30％、50％、最終セールでは80％オフとかになるんですよ！　利用しない手はありません。

じいさん　でも、すごくほしい洋服だったら？　セールの前に誰かが買って売り切れちゃう可能性もあるよね？

結衣　そういうときは、あきらめます。縁がなかったんだなって。

じいさん　それそれ！　それが「好き」を隠しちゃうってこと。結衣ちゃんは今、お金の問題にすりかえて、好きを隠しちゃったわけ。**お金がないから買わないってことは、「好き」よりも「お金」や「損得」を優先しているってことでしょう？**　いろんな理由をつけて「好き」を隠し続けていると、あきらめる理由ばっかり探しちゃうの。そして結局〝大損〟しているの。わかる？

結衣　……じゃあ、どうすればいいんですか？

じいさん　**セールじゃないいけど、買ってみる。**

結衣　なんかムダ遣いしているような気がします……。

じいさん　がははは。でも、安いってだけで、そんなに好きじゃないのについ買っちゃった洋服もあるでしょう？　それがホントのムダ遣い。そんな散財するよりホントに好きなものを買ったほうがいいに決まっているよね？

結衣　たしかにそうですね……。

高い商品にお金を払うってことは、「私にはそのお金を払うだけの価値がある」って、自分を認めることにもなるんだよ。

結衣　私の妹は私以上にセールに目がなくて、漫画みたいに目をキラキラさせて大喜びで買いに行っています。

じいさん　好きで楽しいなら、それでいいんだよ。「セールがダメ！」って言ってるわけじゃなくて、お金がないから私には無理って我慢することが問題なの。お金がないから安い服、お金がないから安い食事ってね。

結衣　私は安いものがお似合いの人間ですって公言していることと同じですね。

じいさん　そうそう。

結衣　わかりました！　じゃあ、これからお給料が入ったときは、好きな洋服を買って、ちょっと高いコース料理を食べに行きます！

おしい！　給料が入ったときに限らず、買いたいとき、食べたいときに実行する。値段を見ずにね。そうしたら、面白いことが起きはじめるから。それこそ〝常識〟では考えられないことがね。

結衣　でも、ランチは1000円以内って決めているんです。定食屋なら値段は知れていますけど、たとえばお寿司屋さんで値段を見ずに注文できる人なんて、社長くらいのもんでしょう⁉

じいさん　がははは、そうなんだ～。でもお金がたまったら、好きなものを食べようって思っている人は、たぶん、ずーっと食べられないな。

結衣　どうしてですか⁉

じいさん　逆だからだよ。**まず、好きなことをする。そうすれば、それに必要なお金も入ってくるようになるの。**

結衣　ええ～。それは、ちょっと怪しい！

じいさん　怪しいよね～。やっぱり壺、売ろうか？

結衣　いりません！

じいさん　好きなことばかりやっているからこそ、お金がどんどん入る。

結衣　どんどん……。

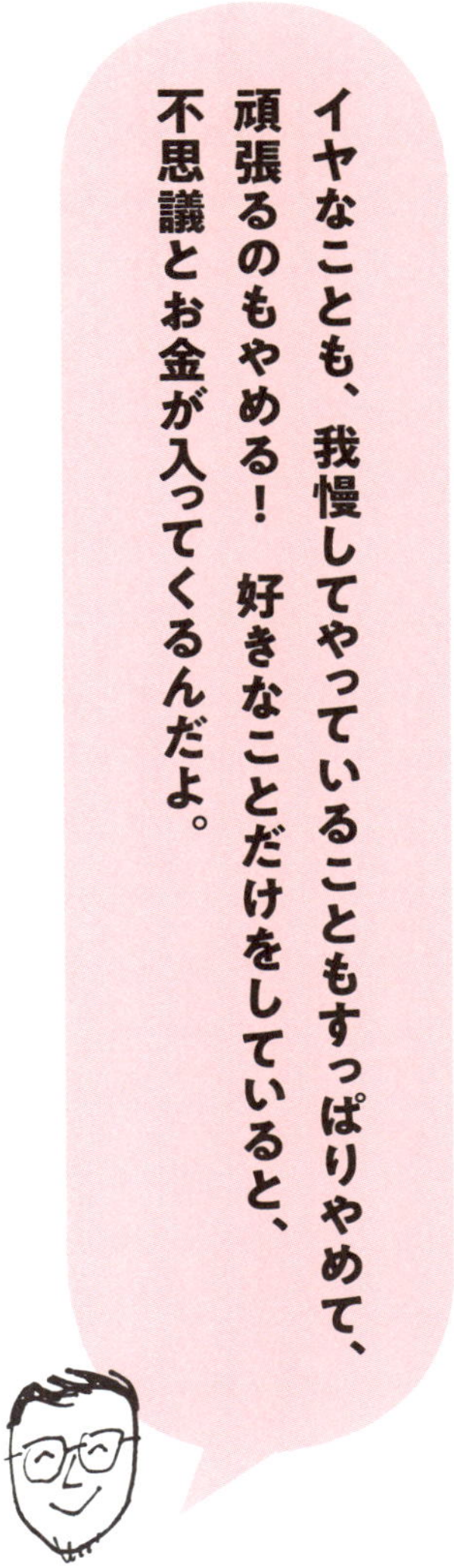
イヤなことも、我慢してやっていることもすっぱりやめて、
頑張るのもやめる！　好きなことだけをしていると、
不思議とお金が入ってくるんだよ。

そんなに都合よくいきますかね……。

じいさん　お金がなければ、好きなことができないなんて、自分よりお金に価値があると思っているってことだよね？　人に笑われるから好きなことをしないなんて、自分より他人を優先しているってことだよね～？

結衣　そんなの、自分がかわいそう～！

じいさん　でしょう？　それが今までの結衣ちゃん。

結衣　今までの？

じいさん　そう。お母さんとの関係を勝手に捏造《ねつぞう》して、自分は価値がないって思い込んで、だから世間の価値観を自分のものにして生きていた、息苦し～い結衣ちゃん。かわいそ～な結衣ちゃん。結衣ちゃ～ん、もっと自分を大切にしてあげて～!!

結衣　やめてくださ～い!!

じいさん　がははは。でもね、自分の価値に気づけたら、もう今までの結衣ちゃんじゃないよ。もう今までのようには生きられなくなるからね。

結衣　そうなんですか？

じいさん　**だって、自分の「あり方」が変わったんだから。「自分は価値がある」って「ある」が前提の人生がこれからはじまるんだから。**

結衣　最強ですね！

「自分は価値がある」って前提に立ってはじめて、本当の人生がはじまるの。

結衣　私の人生、もうワクワクしかない！　私、頑張らずに好きなことをします！　そして、お金持ちになります！

じいさん　結衣ちゃん、そこはちょっと気をつけてね。「好きなことをすれば、お金が入る」って思うことは、「お金を稼ぐために、好きなことをする」ってこと。つまり「取引」と同じだよ？

結衣　たしかに!!

じいさん　「好きなことをする」のは手段じゃない、目的なの。お金はもらえるかもしれないし、もらえないかもしれない。でもそれとは関係なく、好きだからやってみる。これが大事。そうしたら自分がキラキラしてくるから、人生だってキラキラにかわるんだよ。

結衣　そうだった！　まずは私は何が好きなのか、日々の生活の中で「好き」を見つけることからはじめてみます！

お母さんを好きだった自分がいる

じいさんに最後に会ってから、3か月——。

あれから私は、ずいぶんかわりました。

人の意見を気にして、言いたいことややりたいことをあきらめるクセが、ずいぶんなくなりました。周りの人がみんなキラキラ輝いた日常を送っているように感じたとき、それと自分を比べることもやめました。

でも、いちばんビックリしたのは、自分がとっても窮屈に過ごしていたということすら、知らずに、感じられずに過ごしていたということ。

それが、普通だから。

みんな、そうだから。

そうやって自分を安心させて、ごまかして生きていた――。

その事実に気がついたことです。

常識や人の意見ではなく、自分がどうしたいか。

そう考えることで、私は少し自由を手に入れることができました。

この感覚は、ちょうど実家を出て、一人暮らしをはじめたときのような感じに似ています。守られていたものから飛び出して、自分だけの生活がはじまる！　このワクワクとドキドキと少しの不安が、それまでの自分をどんどん塗りかえて、まるで新しい自分に生まれかわるよう！
でも、あのときの私と大きく違うのは、「私は価値がある」と知っているということ。それは、揺るぎない私の宝物です。

食べたいものを、食べたいときに食べよう！　実践してみると、ちょっと意外。食い意地が張っている私は、今日はフレンチ、明日は焼肉と豪華な食事ばかりしたくなるのかと思ったら、全然そんなことはありません。そんなに値段が高くない和食の定食がお気に入り。それは新鮮な発見でした。

洋服も値段を見ずに買っていると、ほ

しいものがどんどん減って、今ではあまり洋服は買いません。ホントにほしいものは、実はそんなになかったみたい。そうしたら、節約していた頃より、よっぽどお金が残るようになりました。

こんなふうに、「好きなこと」「好きなもの」に敏感になったら、どうなったか。

まず、自分に愛着がわいてきました。

前よりも自分を好きにな

り、大切にするようになったのです。

仕事で失敗してもダメ出しせずに、「大丈夫、大丈夫」と思えるようになったし、彼とケンカしても「今日は早く寝ちゃおう!」と、切りかえられるようになりました。


それから、もうひとつ。私にとって大きな変化がありました。

他人への〝余計な気遣い〟が、少しずつなくなっていったのです。

たとえば、仕事で手一杯になったとき、「これ、お願いしてもいい?」と周囲の人に頼めるようになりました。今までは、自力でどうにかしなければならないと思い込み、コピー1枚すら人に任せることができなかった私が、です。

いざお願いしてみると、みんなびっくりするほど協力的! それがありがたくて嬉しくて……。心から感謝の気持ちがわいてくると、彼らに対する私の思いが、ただの「同僚」から「仲間」へと、かわっていきました。

彼に対してもそうです。

掃除や料理など、彼のために頑張ることをやめて、「NO!」と自分の意見をきちんと言えるようになると、彼の態度がやさしくなり、今まで以上に気を遣ってくれるようになりました。

頑張る必要なんて、なかったのです。

自分を好きになり、大切にするようになると、こんなふうに少しずつ自分も、周りの人もかわるんだと実感しています。

なんで⁉　不思議で謎だらけ。じいさんの高笑いが聞こえてきそう！

「結衣、今年の年末は、実家に帰るの？」

貴子からそう聞かれて、私は思い出しました。そもそも「ない」を前提とした人生のスタートは、「お母さん問題」にあったことを。

年末にお母さんと言い争いをして以来、連絡を取っていなかったことがずっと気がかりだったのです。

今でも怒っているのかな……。それとも、じいさんが言うように、お尻をぽりぽりかきながら、何事もなかったようにせんべいをかじり、テレビを見ているかもしれません。

お母さんは、私を理解してくれない。
お母さんは、私を愛してくれない。
それは、じいさんが言うように私が勝手に作り上げた幻想なの？
それをたしかめるために、私は勇気を振り絞って手紙を書きました。

お母さんへ

お元気ですか？　今日は私の気持ちを正直に伝えようと思って、手紙を書きました。
こんな手紙を書くのは、生まれてはじめて。
だからうまく書けるかどうかわからないけれど、お母さんに伝えたい、
伝わればいいなと思いながら書きます。
お母さん、私はお母さんのことが嫌いでした。
だって、私のことを理解してくれない、私のことを好きじゃないって思っていたから。
だから、実家はいつしか窮屈な場所になって、お正月に帰るのも憂鬱でした。
私はお母さんに理解してほしい、愛してほしいってずっと思っていたけれど……。
だけど、お母さん。
お母さんも、理解してほしかったんだよね？
お母さんも愛してほしかったんだよね？

なんで私は、お母さんの話を最後まで聞いてあげられなかったんだろう？

なんで私は、お母さんを理解してあげられなかったんだろう？

なんで私は、素直にお母さんに愛を伝えられなかったんだろう？

そう考えると、思いあたることがありました。

大好きなお母さんに、私はいつでも笑っていてほしかった。

でも、お母さんは文句ばっかり。それを「私のせい」だと思っていたの。

文句ばっかり言わせている私は、お母さんに愛されていない……。

そう決めつけていたのです。

私も、お母さんのことを理解してはいなかったのです。

お母さんのことを、ひどい人だと思っていたけれど、私も、かなりひどい人でした。

ごめんね、お母さん。

この間、久しぶりに小さい頃のアルバムをめくって、お母さんのたくさんの笑顔を見つけました。

そして、お母さんに抱っこされてニコニコしている私を見て、実感したのです。
私は愛されていた。
お母さんも、私を愛してくれていた。
なんだ、お互いに幸せだったんだって。
それなのに、私が勝手にすねて、ひねくれて、それを引きずっていたんだね。
ありがとう、お母さん。
これからも、お母さんにカチンとくること、ケンカになることはいっぱいあるかも。
でも、文句を言われても、否定されても、大丈夫。
私は、「どうせ、愛されている」ことにかわりありません。
だから、これからも遠慮なくケンカさせてもらいます（笑）。
今、私は自分の人生を歩きはじめようとしています。
そんな私を見守っていてくださいね。

結衣

この手紙を出したのは、夏ももう終わりのこと。お盆の時期は過ぎていました。

お母さんから返事があったのは、それから1週間後。短い手紙でした。

今年のお盆も、やっぱり私は実家に帰りませんでした。そして今年の年末も、実家に帰るつもりはありません。だって、私が帰らなくてもお母さんはかわいそうでもないし、きっと幸せだもの。

でも、来週、日帰りで実家に帰ろうと思っています。美味しいラーメンを食べに。

結衣へ

お母さんも、結衣のことが大好きです。

近くに美味しいラーメン屋ができたみたいですよ。今度一緒に行こうね。

いつでも応援しているよ。

母より

今日、久しぶりにじいさんに会いにスタバに行ってみよう。
でももしかすると、じいさんは、また公園で歌を歌っているかもしれないな。
ジミーチュウのスニーカーを履いて。

もっとラクに！　もっと自由に！
ワクワク輝いて生きるために大事なこと

第５章まとめ

★自分の価値を認めなければ、自分の「好き」は隠れてしまう
★「お金」よりも「好き」を優先する
★自分の価値を高めるために、「高価で好きなもの」を身につけてみる
★好きなことをする覚悟ができたら、どんどん「好き」なことに囲まれる
★他人の価値観から解放されて生きると「自分のあり方」がかわる。
それが自分を生きるということ

僕は、長い間結衣ちゃんと同じように「ない」が前提の人生でした。

だから、「ない」人の気持ちがよくわかります。

愛されてない、友だちがいない、どうせ俺なんてつまらない。たいしたこともないし、お金もないし、痩せてないし、足も短い……。

これ、全部、勘違い。それなのに、自分には、価値がないと思い込んでいた。

僕の場合、「ある」という前提にかえられたのは、2011年に断食してみたことが大きなきっかけでした。

はじめての断食は、すさまじく苦しかった！　食べるのが大好きだから、よけいに死ぬような思いをしました。

脳と心が、食べ物を求めるのです。食べたくて食べたくて食べたくて……たまらなかった!!

でも、体は、食べ物を求めていませんでした。

だって、お腹に脂肪をいっぱい蓄えていたから。

それなのに、脳と心がそのことを断固、認めようとしない。

そして、断食をはじめて数日して気がつきました。

「ある」を認めたくなかったんだな、と。

ずっと、あったのに。

そこに脂肪が……。

そこに脂肪が「ある」と認めたら、使わないといけないでしょ。脂肪という名の定期預金をせっせと貯め込んできたのに、使ったら、減っちゃうでしょ。「そんなのイヤだ！」と、認められなかったのです。

でも、断食しているから、食事は「ない」。

どうしたって、「ない」。

だから、仕方なく〝定期預金〟を使いはじめました。

そうしたら、「ある」がわかった。

はっきりと、「すでに、あった」ことがわかったのです。

この「脂肪」を、愛情とか、人からの評価とか、自分の能力とかにあてはめたとき、たしかにどれも「ある」ということが、わかったのです。

愛されてない、認められてない、能力がない。今まで「ない」と思っていたものは、「実は、すでに、ある」と気がついたのです。

だから、必死に愛されよう、認められようとしなくてもよかったんだ……。

こうして僕は、10キロ痩せました（笑）。

これは、僕だけが特別なわけじゃない。

あなたも、そうだよ。

「ない」は、勘違い。

「ある」が、真実。

「頑張らないと、愛されない」と勘違いしていた日々とは、そろそろさよならしよう。

あなたは、いつだって愛されている。

「自分は価値がない」と思い込んでいた日々とも、おさらばだ。
ずっとあなたはそのままで価値があったし、これからも、そのままでとてつもない価値を持っているんだから。

だから、もっと、好きなことをしていい。（嫌われるかもしれないけど）
だから、もっと、人に任せていい。（批判されるかもしれないけど）
だから、もっと、自由になっていい。（ねたまれるかもしれないけど）

自分の価値をナメんな！
好きなことをして、この人生を、もっともっともっともっと！　楽しんでいこう。

「じいさん」こと心屋仁之助

追伸…僕は「じいさん」のように金目のものばかり身につけているわけじゃないですよ（笑）。

心屋仁之助

（こころやじんのすけ）

心理カウンセラー。兵庫県生まれ。大手企業の管理職として働いていたが家族や自分の問題をきっかけに心理療法を学び始める。それが原点となり、心理カウンセラーとして「自分の性格を変えることで問題を解決する」という「性格リフォーム」心理カウンセラーとして活動。現在は京都を拠点として、全国各地でセミナーや講演活動、カウンセリングスクールを運営。その独自の「言ってみる」カウンセリングスタイルは、テレビ番組を通じて全国に知られることとなり、たったの数分で心が楽になり、現実まで変わると評判。現在、個人カウンセリングは行っていないが、スクール卒業生により全国各地で心屋流心理学のセミナーやボランティアでのグループカウンセリングが広く展開されている。発行しているメールマガジン「たった一言！あなたの性格は変えられる！」は４万人を超える読者に支持され、公式ブログ「心が　風に、なる」は月間1000万アクセスの人気ブログ。著書累計は420万部を突破。著書は『「めんどくさい女」から卒業する方法』『ダメなあいつを、なんとかしたい！』『ゲスな女が、愛される。』（すべて廣済堂出版）他多数。

公式ホームページ「心屋」で検索

http://www.kokoro-ya.jp/

公式ブログ「心が　風に、なる」

http://ameblo.jp/kokoro-ya/

JASRAC 出　1806790-801
『ママの歌』作詞・作曲　心屋仁之助

ブックデザイン　高瀬はるか
イラスト　yamyam
編集協力　三浦たまみ
編集担当　真野はるみ（廣済堂出版）

お母さん、年末、実家に帰らなければダメですか？

もっとラクに！もっと自由に！ワクワク輝いて生きるために大事なこと

2018年8月2日　第1版第1刷

著者　心屋仁之助
発行者　後藤高志
発行所　株式会社 廣済堂出版
〒101-0052　東京都千代田区神田小川町2-3-13　M&Cビル7F
電話　03-6703-0964（編集）
03-6703-0962（販売）
Fax　03-6703-0963（販売）
振替　00180-0-164137
URL　http://www.kosaido-pub.co.jp

印刷・製本　株式会社廣済堂

ISBN　978-4-331-52166-3　C0095